브루잉 클래스

BREWING CLASS

브루잉 클래스

이 커피 어떻게 내려요?

조용민 지음

아이비라인

⬡ Prologue

브루잉 커피가 주는
즐거움과 매력

Project in Europe

20대 청년, 길거리에서 커피를 내리며 그들의 생각을 직접 묻다

2015년 1월, 나는 런던에 있는 스페셜티 카페 세 곳과 약속을 잡았다. 그곳을 찾아가 현지 바리스타들과 커피에 관한 이야기를 나눴다. 여기서 그치지 않고 더 많은 사람의 생각을 알고 싶었다. 런던의 번화가인 홀번 스트리트*Holborn street* 근처 대로변에 자리를 펴고 커피를 추출하기 시작했다. 1L짜리 보온 포트에 브루잉 커피를 채운 다음은 사이폰이었다. 사이폰에 붉은색 불이 들어오고 거리에 커피향이 퍼지자 바삐 움직이던 발걸음이 하나둘 멈춰 섰다. 세 시간 동안 80잔의 에티오피아 아리차*Ethiopia Aricha*와 함께 40장의 설문지가 오갔다. 생각만큼 야박하지 않았던 나의 첫 커피 프로젝트였다.

한국의 커피는 일본 식민지 시절에 문화적 영향을 받았고, 미국의 지원 속에서도 영향을 받았다. 요즈음에는 커피의 본고장인 유럽의 영향을 받고 있다. 우리나라 커피는 이러한 각기 다른 특징들이 조화를 이루며 특유의 개성을 뿜어내는 '다문화적 커피'다. 나는 이에 대한 유럽 현지의 반응을 알고 싶었다. 같은 원두를 같은 레시피로 추출했을 때 유럽과 한국의 소비자가 똑같이 느낄지도 궁금했다. 센서리*Sensory*의 차

이를 이해하는 건 나의 커피 지향점을 정립하는 데 필요한 과정이었다. 더불어 개인에게 맞춰진 관심도 높았다. 일관된 커피 추출이 가장 중요하다는 건 물론 알고 있었지만, 각기 다른 기호에 맞는 커피에 대한 궁금증을 항상 품고 있었다.

그렇게 여러 가지 호기심에서 기획한 커피 프로젝트. 시작은 서울 인사동이었다. 행인들에게 커피를 무료로 나눠주며 설문지를 받았고 영국, 독일, 이탈리아, 일본까지 프로젝트를 이어갔다. 몸소 경험해보고 내린 결론은 같은 커피더라도 유럽인은 단맛에 민감하고, 한국인은 신맛을 더 예민하게 느낀다는 것이었다. 똑같은 커피를 마셔도 사람마다 다르게 느낄 수 있으며 대중과의 소통 없이 커피의 개성을 낸다는 건 '변화'가 아닌 '변질'이라는 교훈을 얻었다.

한잔에 담긴 정성

생두의 선택부터 로스팅 그리고 추출까지 한잔의 커피를 완성하기까지의 각 단계는 수많은 선택을 요한다. 그중 첫 번째로 택해야 할 건 '어떤 커피를 어떻게 로스팅할 것인가'다. 다시 말해, 어떤 특징을 가진 커피를 만들 것인지다. 이에 대한 결론을 내리기 위해 가공방식, 품종, 생산고도별로 생두 샘플을 분류해 항목에 따른 샘플 로스팅을 진행한다.

생두를 선택하고 나면 본격적으로 어떻게 로스팅할 것인지 정해야 한다. 로스팅 프로파일을 디자인하는 것이다. 개인적으로 직화 로스팅을 고집하기 때문에 섬세한 작업이 필수인데, 여기에는 고려해야 할 것들이 몇 가지 있다. 단적인 예로 워시드Washed 가공을 거친 생두는 수분 함량이 높아 직화 로스팅 시 생두 중심부까지 열을 전달하기가 어렵다. 반면 내추럴Natural 가공 커피는 열전도는 쉽지만 자칫하면 특유의 발효취가 역하게 올라온다. 이처럼 생두의 특성을 하나하나 고려해 로스팅해야 한다. 즉, 로스팅을 하는 동안에는 잠시도 긴장을 늦출 수 없다.

이렇게 많은 고민하에 로스팅을 마치고 난 뒤, 완성된 원두를 손님에게 바로 제공하지는 않는다. 가스가 어느 정도 배출되도록 원두별로 적절한 디개싱*Degassing* 기간을 거쳐야 하기 때문이다. 로스팅 후 12시간에서 24시간 이내에는 커핑*Cupping*도 꼭 진행한다. 이는 일정한 맛을 내기 위한 일련의 확인 과정이다.

그리고 마침내 추출이다. 여러 정교한 단계들을 거쳐 준비한 원두로 커피를 내려 손님에게 제공한다. 만족스러운 한잔의 커피는 '정성'으로 태어난다고 해도 과언이 아니다.

정성에 정성을 더해 완성한 커피는 우리에게 위로이자 삶의 낙이고, 누군가에겐 삶의 이유와 목적이기도 하다. 언제 어디서나 커피를 쉽게 소비할 수 있는 시대이지만, 우리가 이토록 좋아하는 커피를 더 잘 즐기기 위해서는 마지막 의식인 '추출*Brewing*'에 신경써야 한다. 이 책에서는 바로 이 추출에 대해 다룬다.

2015년 8월, 나는 서울 연신내의 한 골목에 브루잉 전문점 '와이엠커피하우스*YM COFFEE HOUSE*'를 오픈했다. 드리퍼로는 '멜리타*Melitta*'와 '칼리타*Kalita*'를 주로 사용하며, 직화 로스팅 커피에 어울리도록 '푸어오버*Pour-over*'보다는 '핸들링*Handling*' 방식으로 보통 커피를 내린다. 오픈과 동시에 꼬박 1년 2개월 동안은 쉬지 않고 달리는 대륙횡단열차처럼 홀로 브루잉을 했다. 감사하게도 많은 사람이 찾아주어 손님이 몰려도 늘 한 잔을 내릴 때와 같은 정성으로 커피를 추출했다. 그렇게 1년 2개월 동안 혼자 일하며 내린 커피는 2만 4천 여잔에 달한다. 그리고 지금까지 6년 동안 브루잉 전문 매장을 운영하며 5만 잔이 넘는 핸드드립 커피를 내렸다. 온갖 날씨에도 추출은 계속되었고 셀 수 없을 정도로 다양한 원두를 추출했다. 이제는 브루잉에 대해서는 득도할 때가 됐다고 생각하기도 했다. 그러나 아니었다. 알 것 같다가도 긴장의 끈을 놓을 수 없었다. 결국 '추출에 정답과 끝이 존재하는가'라는 의문만이 남았다. 이 책을 보고 있을 당신도 같은 고민을 하고 있거나 아직 그 고민을 하기 전이라 생각한다. 그렇다면 끝까지 읽어주길 바란다. 5만 잔이 넘는 핸드드립 커피를 추출하며 깨달은 점을 아낌없이 나누고자 한다.

이 책의 취지는 이렇다.

첫째, 브루잉을 전혀 알지 못하는 입문자들이 스스로 연습할 수 있고, 추출변수의 조절과 판단이 가능해진다. 처음 브루잉을 접할 땐 보통 핸드드립으로 시작한다. 최소한의 비용과 장비만을 요하기 때문이다. 핸드드립은 이름에 걸맞게 손을 많이 타는 추출법이다. 그만큼 최대의 집중과 정성을 요하는 방식이라고도 할 수 있다. 나의 경우 이같은 이유로 브루잉에 푹 빠졌다. 극도의 정성을 담은 커피라고 느꼈기 때문이다.

둘째, 푸어오버 방식을 고수하는 이에게 새로운 경험을 선사한다. 정량·정측을 가장 큰 미덕으로 삼는 푸어오버 방식도 드립포트를 어떻게 핸들링하는지에 따라 다른 결과물이 만들어진다. 핸들링이 필요한 브루잉을 경험하는 것은 추출자에게 더 큰 과제를 부여하는 동시에 큰 즐거움을 안겨주기도 한다. 물론 푸어오버 방식도 함께 다루니 핸들링을 중요시하는 사람의 푸어오버는 어떨지 기대감을 가지고 보는 것도 하나의 재미겠다.

셋째, 단계별 학습이 가능하도록 '튜터*Tutor*'로서의 역할을 톡톡히 한다. 이 책은 단순히 커피에 대한 지식과 방법론적인 접근을 제시하기 보다는 점진적으로 숙련도를 쌓아올리도록 하는 것을 목표로 두고 있다. 브루잉 경험이 많은 사람일지라도 꼭 한 번쯤은 첫 단계부터 함께 나아가주길 바란다. 그 과정에서 분명 얻는 것이 있을 테니. 단계별 맛을 보는 방법(브루잉 센서리)부터 핸들링 연습 방법, 같은 드리퍼의 심화 레시피까지 차근차근 제시한다. 누구나 쉽게 따라 할 수 있도록 이 책은 당

신의 튜터가 되어줄 것이다. 한 단계 한 단계 잘 따라와주길 바란다.

이 책에서 제시하는 추출 방법은 원두의 상태와 추출 상황을 눈으로만 보고 느끼며, 온전히 센서리에 의존한 경험을 바탕으로 한 것이다. 나는 지금도 브루잉을 할 때면 설레고 또 긴장된다. 추출되고 있는 커피의 순간을 느끼려고 노력한다. 그렇게 내린 커피에는 신기하게도 그날의 모든 감정이 담기는 듯하다. 기분이 좋은지, 별로인지, 들떠있는지, 설레는지, 우울한지까지도 말이다.

커피를 시작하기로 결심하면서 품은 꿈이 있다. 한 곳에서 70년 동안 커피를 하는 것, 찾아주는 사람들과 함께 나이들어가는 것, 속절없이 지나간 시간을 함께 회상하는 것. 그리고 언제나 변함없는 곳을 만드는 것. 이런 나에게 커피는 맛있는 음료 그 이상의 가치다. 하루를 보내게 하는 삶의 원동력이자 목적이고, 목표이면서 꿈이다. 이렇게까지 나의 삶을 바꿔놓은 커피의 매력을 더 많은 사람에게 전하고 싶다.

Contents

프롤로그. 브루잉 커피가 주는 즐거움과 매력 · 004

Chapter 1. 브루잉 커피란?

- **01** 브루잉 커피와 도구의 기원 · 014
- **02** 대표적인 도구 소개 · 015

Chapter 2. 브루잉 커피 추출의 이해

- **01** 브루잉 추출 과정 · 020
  - 원두 선택 · 020
  - 도구 선택 · 022
  - 필터 선택 · 024
  - 원두 분쇄 · 026
  - 물 끓이기 · 029
  - 커피 추출 · 029
- **02** 브루잉 기호 파악 · 031
  - 산미 · 031
  - 단맛과 질감 · 034
  - 커피의 농도(TDS) · 035
  - 플레이버 · 037
- **03** 브루잉 추출변수 · 040
  - 브루잉 추출변수의 이해 · 040
  - 추출변수 디자인 · 044

Chapter 3. 브루잉과 센서리

- **01** 센서리의 의미와 중요성 · 052
- **02** 브루잉을 위한 센서리 연습 · 054
  - 미각 연습 · 054
  - 후각 연습 · 057
  - 추출변수에 따른 센서리 연습 · 059
  - 센서리와 서비스의 관계 · 060

Chapter 4. 브루잉 평가와 추출 설계

- **01** 추출변수 디자인 과정 · 064
- **02** 추출변수 디자인 예제 · 066
  - 강한 신맛 · 066
  - 연한 농도 · 067
  - 강한 쓴맛 · 068
  - 짧은 여운과 약한 단맛 · 069
  - 약한 플레이버 · 070
- **03** 브루잉 컨트롤 가이드 · 071
- **04** 비정상적인 추출의 경우의 수 · 074

Chapter 5. 브루잉 도구와 선택

- **01** 침지식 도구 · 078
  - 미스터클레버 · 078
  - 프렌치프레스 · 079
- **02** 투과식 도구 · 081
  - 드리퍼(종류 불문) · 081
- **03** 기타 도구 · 082
  - 서버 · 082
  - 온도계 · 082
  - 종이필터 · 083
  - 저울 · 084
  - 드립포트 · 085
  - 원두 보관 용기 · 087
  - 계량스푼 · 088
  - 그라인더 · 089

Chapter 6. 기준추출 따라하기

01 침지식 기준추출 · 094
  미스터클레버 · 095
  프렌치프레스 · 098
02 투과식 기준추출 · 102
  하리오 V60 · 103
  칼리타 웨이브 · 105
  칼리타 101D · 107
  멜리타 1×1 · 109

Chapter 7. 숙련된 브루잉

01 핸들링과 푸어링 · 114
  핸들링 연습하기 · 114
  핸들링 루틴 만들기 · 116
  추출 차수별 핸들링 · 117
02 뜸들이기의 이해 · 118
03 드리퍼와 필터 린싱에 따른 추출 양상 · 120
  필터 린싱의 목적 · 120
  추출속도 비교 실험 · 120
04 그 외 추출에 영향을 미치는 행위들 · 125
  푸어 횟수와 농도 · 125
  교반 · 125
  바이패스 · 126
05 추출비율과 농도 · 127
  추출비율 · 127
  농도 · 127
**06 로스팅 포인트별 그라인더 선택
  - TDS를 바탕으로** · 129

Chapter 8. 투과식 브루잉 마스터

01 교반을 적용할 수 있는 푸어오버 브루잉 · 134
  하리오 V60 · 134
  칼리타 웨이브 · 136
02 정드립에서의 핸들링 마스터하기 · 140
  칼리타 101D · 143
  멜리타 1×1 · 147

Chapter 9. 아이스 커피 브루잉

01 침지식 아이스 브루잉 · 154
  미스터클레버 · 154
  프렌치프레스 · 156
02 투과식 아이스 브루잉 · 158
  하리오 V60 · 158
  칼리타 웨이브 · 160
  칼리타 101D · 162
  멜리타 1×1 · 164

에필로그. 글을 마치며 · 168
참고문헌 · 174

CHAPTER 1

브루잉 커피란?

브루잉 커피의 정의를 살펴보고 과거 초기 브루잉부터 현재까지 사용되고 있는 주요 도구에 관해 알아보자.

01 브루잉 커피와 도구의 기원 02 대표적인 브루잉 도구 소개

01 브루잉 커피와 도구의 기원

브루잉 커피Brewing Coffee는 직역하자면 우려낸, 끓인, 양조된 커피를 뜻한다. 즉, 물로 우려낸 커피를 총체적으로 브루잉 커피라고 일컫는다. 좀 더 쉽게 이야기하자면 높은 압력을 이용해 추출하는 에스프레소 외에 거의 대부분이 브루잉 커피다.

필자는 브루잉 커피를 이렇게 정의한다. '가압 없이 물을 용매로 이용한 모든 추출 방법'. 종이필터 드립, 융 드립, 사이폰, 체즈베, 커피메이커, 콜드브루, 핀, 프렌치프레스, 클레버 등을 이용해 내린 것이 모두 브루잉 커피에 속한다. 이렇게 다양한 브루잉 커피는 언제, 어디서부터 시작됐을까?

브루잉 커피는 사실상 전체 커피 역사와 맥락을 같이한다. 커피가 뿌리를 내리기 시작한 건 13세기, 아라비아 반도에서였다. 이때는 특별한 도구 없이 물을 이용해 커피를 추출했다. 커피가루에 뜨거운 물을 부어 적게는 5시간에서 길게는 12시간까지 우려냈다. 최초의 커피필터가 양말이라는 설도 있다. 현재 사용되는 종이필터는 브루잉 커피가 등장한 지 200년이 지나서야 등장했다.

커피의 인기는 계속해서 높아졌고 16세기에는 터키와 이집트, 페르시아까지 전파되었다. 이 중 터키는 오늘날에도 사용되고 있는 추출도구 '체즈베Cezve'의 본고장이기도 하다. 그리고 17세기, 유럽의 여행자들이 아라비아 반도에서 구한 커피를 유럽에 가져왔다. 얼마 지나지 않아 커피는 큰 인기를 끌었고 유럽 전역에 커피숍이 생겨났다.

전 세계에 커피가 알려지면서 브루잉 기구는 차츰 발전해갔다. 불편한 점을 개선하기 위해 새로운 메커니즘을 발명하고 적용해온 것이 초기의 브루잉 기구라면, 오늘날에는 하나의 카테고리 안에서 원두의 특징을 더욱 잘 발현하기 위한 변주가 이뤄지고 있다.

02 대표적인 도구 소개

몇 가지 대표적인 브루잉 도구에 대해 소개하자면 다음과 같다.

> **TIP 침출식과 투과식**
> **침출식** 물에 커피가루를 담그거나 끓여서 우려내는 방식
> **투과식** 커피가루에 물을 통과시켜(투과) 추출하는 방식

체즈베(침출식)

터키의 전통 브루잉 기구. 미국 전역에선 이브릭*Ibrik*이라 불리기도 하지만 엄밀히 말하면 다른 도구다. 커피가루와 물, 설탕, 향신료를 모두 넣은 뒤 가열하는 방식으로 사용한다. 내용물이 끓어 넘치기 직전 화구에서 들어 내 잠시 식혔다가 다시 끓이기를 반복한다. 한쪽의 긴 손잡이는 서빙할 때 사용한다. 몇 시간이 소요됐던 초기 브루잉 방식보다 훨씬 빠르게 커피를 추출할 수 있어 사람들이 브루잉 커피를 일상적으로 즐기게 하는 데 한 몫 했다.

사이폰 (침출식)

19세기 초에 등장한 추출기구다. 1830년 베를린에서 특허 등록됐지만 상업화가 이뤄진 건 1840년 마리 파니 아멜네 마소트Marie Fanny Amelne Massot가 디자인한 사이폰이 출시되면서다. 이후 1910년에는 미국 매사추세츠주의 앤 브리지스Ann Bridges와 서튼Sutton 자매가 특허를 출원했는데 이 제품이 바로 '실렉스Silex'다.

사이폰은 상하부 두 개의 플라스크로 구성되어 있다. 하부에는 물을, 상부에는 커피가루를 담은 뒤 하부 플라스크에 열을 가하면 공기층이 팽창하면서 압력이 발생한다. 이 압력에 의해 물이 상단 플라스크로 이동해 커피가루와 접촉하게 된다. 충분한 추출시간을 가진 뒤 열원을 제거하면 하부 플라스크의 공기층이 다시 수축하면서 추출된 커피 용액이 낙하한다.

프렌치프레스 (침출식)

프렌치프레스는 이름 때문에 프랑스에서 개발된 기구라고 생각할 수 있다. 그러나 프랑스와 이탈리아가 서로 발명한 것이라고 주장한다. 최초의 프로토타입은 프랑스의 메이어Mayer와 델포르주Delforge가 제작해 1852년에 특허를 받았다. 그러나 오늘날 우리가 사용하는 프렌치프레스와 유사한 디자인은 1928년 이탈리아의 아띨리오 칼리마니Attilio Calimani와 줄리오 모네타Giulio Moneta가 특허받은 제품이다. 현재의 프렌치프레스는 1958년 빨리에로 본다니니Faliero Bondanini라는 스위스계 이탈리아인이 만들어 특허를 취득했다. 이 제품은 '샹보르Chambord'라는 이름으로 프랑스에서 처음 생산됐다.

종이필터
(투과식)

종이필터는 1908년 독일의 주부 멜리타 벤츠Melitta Bentz가 발명한 것이다. 천 필터나 여과 기능이 없는 커피포트를 사용하던 시절, 커피 잔여물을 청소하기란 여간 번거로운 일이 아니었다. 이에 멜리타는 옆에 있던 아들의 공책 한 페이지를 뜯고 깔때기 모양으로 접어 필터로 사용해보았다. 그 결과 천으로 된 것보다 커피찌꺼기를 제거하기가 편했고 일회용인 만큼 위생적이었다. 이후 그는 특허를 출원했고 자신의 이름을 딴 회사 '멜리타'를 설립했다.

CHAPTER 2

브루잉 커피
추출의 이해

브루잉 커피 한 잔을 완성하기 위해 우리는 많은 변수를 파악해야 하며, 이를 바탕으로 의도한 맛을 표현해 내는 추출 디자인을 할 줄 알아야 한다. 이번 챕터에서는 추출의 전반적인 과정과 브루잉 커피에 대한 나의 기호를 확인하는 방법을 다룬다. 각 추출변수의 특징과 추출 양상을 어떻게 파악하는지에 대한 내용이다.

01 브루잉 추출 과정

① 원두 선택
② 도구 선택
③ 필터 선택
④ 원두 분쇄
⑤ 물 끓이기
⑥ 커피 추출

02 브루잉 기호 파악

① 산미
② 단맛과 질감
③ 커피의 농도(TDS와 수율)
④ 플레이버

03 브루잉 추출 변수

① 브루잉 추출변수의 이해
② 추출변수 디자인

01 브루잉 추출과정

원두 선택 〉 도구 선택 〉 필터 선택 〉 원두 분쇄 〉 물 끓이기 〉 추출

브루잉 커피를 추출하는 과정은 위와 같다. 단계마다 고려해야 할 점이 다양하다. 이번 챕터에서는 각 과정에 대해 알아보자.

1. 원두 선택

원두를 선택하는 기준은 크게 두 가지로 구분할 수 있다. 바로 '플레이버*Flavor*'와 '로스팅 포인트*Roasting point*'다. 이 페이지에서는 두 가지에 대해 먼저 살펴보고, 커피 맛에 대한 더 자세한 내용은 뒤에서 따로 설명할 계획이다.

플레이버는 말 그대로 '향'과 '맛'을 의미한다. 이는 여러 갈래로 나뉘는데 가장 일반적인 다섯 가지로 살펴보면 쉽게 이해할 수 있다.
① 과일 향(프루티*Fruity*): 오렌지, 블루베리, 복숭아, 망고 등
② 꽃 향(플라워리*Flowery*): 재스민, 라벤더, 캐모마일, 장미 등
③ 초콜릿(초콜릿티*Chocolaty*): 다크초콜릿, 밀크초콜릿 등
④ 견과류 향(너티*Nutty*): 볶은 아몬드, 땅콩, 헤이즐넛, 호두 등
⑤ 허브 & 스파이스(허비*Herby* & 스파이시*Spicy*): 민트, 로즈메리 & 클로브, 시나몬 등

커피에서 느껴지는 플레이버를 적은 것을 '컵 노트'라고 한다. 선호하는 커피의 컵 노트를 만들어 항목별로 작성하다 보면 선호하는 원두를 고르는 데 도움이 된다.

컵 노트 작성 예시

원두	에티오피아 예가체프 아리차 내추럴 G1
과일 향(프루티 Fruity)	블루베리, 라즈베리, 오렌지, 레몬
꽃 향(플라워리 Flowery)	재스민
견과류 향(너티 Nutty)	×
초콜릿(초콜렛티 Chocolaty)	밀크초콜릿
허브 향(허비 Herby)	×

원두	**콜롬비아 카페 그랑하 라 에스페란자 만델라 내추럴**
과일 향(프루티 Fruity)	오렌지, 레몬
꽃 향(플라워리 Flowery)	라벤더
견과류 향(너티 Nutty)	헤이즐넛
초콜릿(초콜렛티 Chocolaty)	밀크초콜릿
허브 향(허비 Herby)	로즈메리

로스팅 포인트는 어느 정도의 강도로 볶은 원두인지를 나타내는 척도로 '배전도'의 다른 말이다. 배전도는 '볶다'의 일본식 표현이므로 책에서는 '로스팅 포인트' 혹은 '볶음 정도'라고 칭하겠다.

원두를 약하게 볶을수록 로스팅 포인트는 낮다고 할 수 있다. 로스팅 포인트를 가장 간단하게 구분하는 방법은 원두의 색을 보는 것이다. 색이 어두울수록 볶음 정도가 높고 밝을수록 볶음 정도가 낮다고 표현한다. 볶음 정도가 약한 커피는 강한 산미를 특징으로 한다. 반면 볶음 정도가 강한, 즉 로스팅 포인트가 높은 원두는 산미가 약하다.

물론 이같은 특징이 모든 원두에 해당하는 것은 아니다. 하지만 볶음 정도에 따라 산미의 강도를 구분할 수 있다면 나의 기호에 맞는 원두를 구매할 확률이 높아진다.

> **TIP** 로스팅 용어 정리

라이트 로스팅
= 약배전 = 약한 볶음 정도 = 낮은 로스팅 포인트

미디엄 로스팅
= 중배전 = 중간 볶음 정도 = 중간 로스팅 포인트

다크 로스팅
= 강배전 = 강한 볶음 정도 = 높은 로스팅 포인트

2. 도구 선택

어떤 도구를 사용하는지에 따라 표현할 수 있는 원두의 특징과 개성이 달라진다. 따라서 도구의 특징을 잘 알고 추출하려는 원두에 적합한 드리퍼를 선택하는 것이 좋다.

나의 추출 여건에 맞춰 선택하는 것도 한 방법이다. 저울이나 온도계, 드립포트, 그라인더가 없다면 침지식 기구를 택하는 게 좋다. 침지식이란 물에 원두를 담가서(침지) 추출하는 방식이기에 전기포트와 침지식 기구만 있어도 추출이 가능하다.

일반적으로 카페에서 사용하는 대부분의 브루잉 기구들은 투과식이다. 커피가루에 물을 통과시켜(투과) 추출하는 방식으로 드리퍼와 드립포트, 필터 등의 도구가 필요하다.

추출방식에 따른 도구의 특징

① 침지식

- 최소한의 기구로 추출이 가능하다.
- 투과식보다 쉽고 일정한 추출을 할 수 있다.
- 단맛과 밸런스가 좋은 추출을 구사한다.

[예시] 미스터클레버, 프렌치프레스

미스터클레버

프렌치프레스

② 투과식

- 드리퍼 외에 드립포트가 필요하다.
- 일정한 추출이 어렵고 바리스타의 역량이 중요하다.
- 같은 원두라도 드리퍼에 따라 다른 특징을 표현할 수 있다.
- 상대적으로 향미와 산미 표현에 유리하다.

[예시] 하리오 V60, 멜리타 1×1, 칼리타 웨이브

멜리타 1x1

하리오 V60

3. 필터 선택

필터의 소재에 따라 맛의 느낌이나 바디감을 다르게 표현할 수 있다. 일반적으로 종이, 메탈, 융필터가 있다.

'종이필터'는 황색필터(표백하지 않은 필터), 백색필터(표백)로 나눌 수 있다. 백색필터의 경우 과거에는 염소 표백을 거쳐 생산했기 때문에 건강에 해롭다는 이유로 황색필터가 선호됐다. 그러나 지금은 산소 표백을 하기 때문에 백색필터를 사용해도 괜찮다. 다만 색상과 필터의 두께에 따라 추출속도가 다르므로 그 점을 고려해야 한다.

필자가 진행한 실험에 따르면 황색필터보다 백색필터가, 두꺼운 것보다 얇은 필터의 추출속도가 더 느리다. 추출속도가 느리면 물과 원두가 접촉하는 시간이 길어져 불필요한 성분까지 추출되는 '과다추출'이 이뤄지기 쉽다. 반대로 추출속도가 너무 빠르면 성분이 충분히 추출되지 않는 '과소추출'이 일어나 결과물의 농도가 연할 수 있다. 그러니 필터를 종류별로 모두 사용해 추출속도를 비교해본 뒤 원하는 추출 의도에 맞는 것을 사용하는 걸 추천한다.

종이필터는 커피의 지방성분을 걸러주기 때문에 이를 이용하면 깔끔한 맛을 낼 수 있다. 담백한 맛을 표현하고 싶다면 종이필터는 좋은 선택지가 될 것이다.

'메탈필터'는 반영구적 사용이 가능하나 원두의 아주 작은 미분[*]까지는 잘 걸러내지 못한다. 그래서 메탈필터를 이용해 내린 커피는 마셨을 때 까슬까슬한 느낌이 들기도 한다. 반면 커피의 지방성분이 그대로 추출되므로 실키 silky한(부드러운) 느낌을 표현하기에 적합하다. 전형적인 메탈필터의 느낌은 아메리카노를 떠올리면 된다.

[*] 미분의 사전적 정의는 '고운 가루'다. 즉, 분쇄한 커피가루 중 평균 이하의 입자 크기를 지닌 아주 고운 가루를 뜻한다.

'융필터'는 종이필터와 메탈필터 이전부터 쓰이던 것으로, 천(융)을 활용한 것이다. 추출시간이 긴 편이라 이를 이용해 내린 커피는 진하고 바디감이 좋다. 메탈필터와 비교하면 좀 더 부드러운 느낌을 내는데, 원두는 상대적으로 더 많은 양을 사용해야 한다. 한 번 사용하면 세척한 뒤 물을 채운 용기에 담가 보관해야 하는 등 보관과 관리가 까다로운 편이다.

> **TIP** 바디감이란?
>
> 커피에서 느낄 수 있는 총체적인 텍스처를 말한다. 텍스처가 약할수록 바디감이 약하다고 표현하는데, 바디감이 강한 게 무조건 좋은 것이라고 하기엔 무리가 있다. 텍스처가 강해 커피가 묵직해도 떫고 텁텁한 맛이 난다면 바디감이 좋다고 평가할 수 없다. 좋은 바디감은 강도에 따라 우유, 크림, 오일 순으로 표현한다. 공통점은 이들 모두 실키하다는 것이다.

한눈에 보기

종이필터
깔끔하고 담백한 맛을 내는 데 유리함

메탈필터
반영구로 사용이 가능하며 부드러운 느낌을 내기에 좋음

융필터
가장 부드럽고 진한 커피 추출에 유리하며 바디감이 좋음

4. 원두 분쇄

브루잉뿐만 아니라 모든 커피 추출에서 그라인더는 가장 중요한 장비다. 그라인더는 물과 원두가 만나는 표면적과 투과식 추출 시 물이 원두를 투과하는 속도에 직접적으로 관여한다. 중대한 추출변수에 큰 영향을 미친다는 뜻이다.

그러나 고가의 그라인더 혹은 그라인더 자체를 구비하기 어려울 수 있다. 특히 홈카페에서 사용하는 경우라면 그라인더에 큰 돈을 투자하기엔 경제적으로 부담이 될 수도, 사용 빈도 대비 효율이 떨어진다고 생각할 수도 있다. 당연한 일이다.

좋은 그라인더를 갖추지 못했다고 해서 실망할 필요는 전혀 없다. 커피를 음용하는 것이 주된 목적이라면 그라인더 없이도 혹은 보급형 그라인더를 사용해도 추출에 영향을 크게 받지 않는 추출도구를 사용하면 된다.

그라인더의 영향은 투과식 추출에서 더욱 두드러진다. 따라서 이미 분쇄된 원두를 구매하거나 핸드밀, 보급형 전동 그라인더를 사용한다면 추출시간을 비교적 자유롭게 조절할 수 있는 침출식 추출도구를 추천한다. 투과식 도구는 분쇄가 균일하지 않으면 분쇄원두 입자 사이에 미분이 껴 추출속도가 크게 저하될 수 있다. 참고로 저가형 전동 그라인더보다는 핸드밀로 분쇄한 커피의 추출결과가 더 나은 경우가 많다.

Grinder

원두 분쇄에는 그라인더가 필요하다. 이미 가지고 있는 그라인더가 있다면 나의 추출의도에 따라 분쇄도를 조절하면 된다. 그라인더를 구매할 계획이라면 '날(버burr)'의 종류를 알아보고 선택하는 것을 추천한다. 그라인딩은 추출속도의 조절 및 커피 특징의 표현에 가장 큰 요인이다.

그라인더 날의 종류

그라인더 날은 모양과 위치에 따라 '플랫 버Flat burr', '코니컬 버Conical burr', '크러쉬 버Crush burr'로 나눌 수 있다.

플랫 버는 평평한 두 개의 날로 이뤄져 있다. 원심력을 이용하는 방식으로 날이 빠르게 회전하면 원두가 날의 바깥쪽으로 날아간다. 플랫 버의 가장 큰 특징은 분쇄된 입자 크기가 균일하다는 것이다. 덕분에 일관성 있는 추출이 가능하므로 밸런스 좋은 결과물을 원한다면 플랫 버가 제격이다.

플랫 버

코니컬 버는 호퍼(원두 투입구)로부터 떨어진 원두를 톱니바퀴 같이 생긴 두 개의 날이 으깨는 방식이다. 그렇기 때문에 분쇄입자는 각기 다른 크기를 보인다. 다양한 크기로 분쇄된 커피가 물과 만나면 원두 본연의 강한 개성이 부각된다. 따라서 원두의 개성을 뚜렷하게 표현할 때 적합하다.

코니컬 버

크러쉬 버는 플랫 버와 코니컬 버를 결합한 것으로 두 가지의 추출 특징을 모두 지닌다. 날의 생김새는 플랫 버와 같이 평평하지만, 분쇄 방식은 코니컬 버와 같이 호퍼에서 떨어진 원두를 뭉뚝한 날로 으깬다. 볶음 정도가 강한 커피를 주로 마신다면 크러쉬 버를 선택해도 좋다. 강하게 볶은 커피는 체프 또는 실버스킨이 모두 타 버려 미분이 상대적으로 적다. 그래서 분쇄도가 너무 균일하면 추출속도가 빨라 맛이 다소 밋밋할 수 있다.

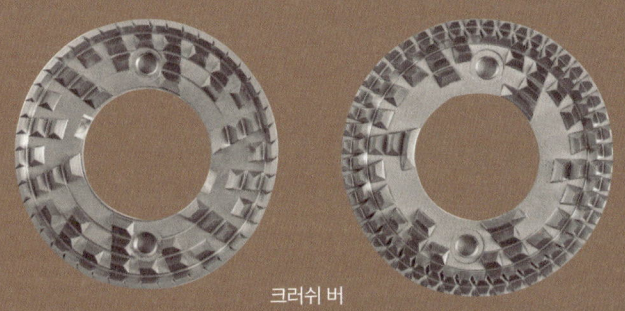

크러쉬 버

5. 물 끓이기

일반적으로 가정용 정수기의 뜨거운 물은 브루잉에 사용하기엔 온도가 너무 낮다. 따라서 그때그때 끓여 사용하는 게 좋다. 침지식 추출에서는 드립포트 대신 전기포트를 이용해도 무방하지만, 투과식 추출이라면 드립포트를 사용해 물줄기를 조절해주는 게 좋다.

6. 커피 추출

앞 과정을 모두 마쳤다면 이제 추출을 할 차례다. 첫 추출에 만족스러운 결과물을 얻기란 쉽지 않다. 브루잉 추출은 언뜻 보면 단순한 것 같지만 과정마다 조절해야 하는 변수가 많다. 의도한 맛을 내기 위해서는 추출한 커피의 맛을 본 뒤 변수 조정을 통해 부족한 점을 보완해야 한다. 그러려면 브루잉 변수에 대한 이해가 선행되어야 한다.

브루잉 맵

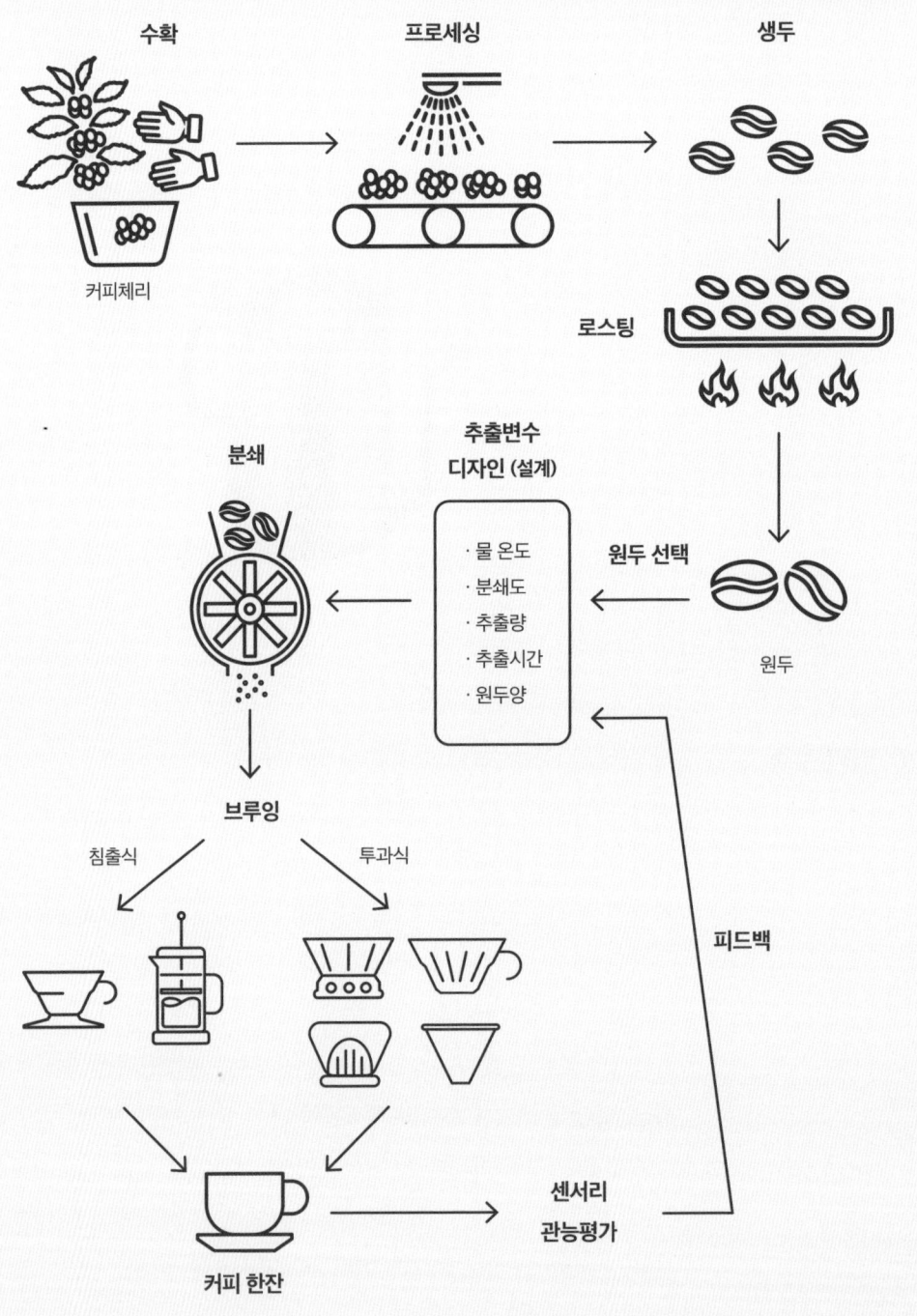

02 브루잉 기호 파악

브루잉은 본인 또는 손님의 기호를 파악하는 데에서 시작된다. 사람의 기호는 굉장히 다양하며 모두 존중받아야 한다. 통념적인 '맛있음'과는 별개로 저마다의 주관적인 기호 역시 중요하다. 기호를 확인하는 방법은 일상을 관찰하는 것이다. 가장 먼저 나의 음식 취향을 생각해보자. 단맛의 음식을 좋아하는지, 샐러드나 과일을 즐기는지, 자주 먹는 음식은 무엇인지 등등…. 커피 또한 미각으로 즐기는 '음식'이기 때문에 평소 식습관에서 영향을 크게 받는다.

    커피에는 복잡미묘한 맛이 존재한다. 일부러 신경을 기울여 찾으려 하지 않는 이상 알기 어려울 때도 있다. 이 페이지에서는 커피 맛의 갈래에 대해 설명하고자 한다. 커피가 지닌 맛을 구체적으로 파악하게 된다면 마치 서술형이었던 문제가 객관식으로 바뀐 듯한 명쾌함을 느끼게 될 것이다. 커피를 명확히 이해하고 표현하는 능력은 누군가에게 커피 맛을 설명할 때도 중요하다. 이는 브루잉의 가장 중요한 첫 단추다. 지금부터 커피에 대한 나의 기호를 간단히 체크해보자.

산미

산미는 커피에서 가장 강한 특징이라 할 수 있다. 올바른 추출이 이뤄지지 않으면 다른 맛에 비해 산미가 강하게 느껴지기도 한다.

    커피의 산에 관해 이야기할 때 주로 언급하는 유기산에는 구연산, 사과산, 초산이 있으며 무기산 중에는 인산이 있다. 좋은 산미란 단순히 강도가 높은 것이 아니라 두 가지 이상의 복합적인 산을 지닌 것이라 할 수 있다. 하지만 전문적인 훈련을 받지 않은 사람이 네 가지 산을 명확히 구분하기란 쉽지 않다. 따라서 초심자가 기호에 맞는 산미를 파악하려면 산의 종류보다는 강도에 집중하는 게 좋으며, 산미의 강도가 전반적인 커피 맛에 긍정적인 영향을 주는지도 평가해야 한다.

산미의 종류를 구분해내는 것에 집중할 때는 플레이버나 텍스처와 헷갈려서는 안 된다. 특정 과일의 맛이나 향은 플레이버다. 오렌지 향을 맡은 후 새콤달콤한 오렌지의 맛을 상상하고 커피를 맛봤다고 가정해보자. 지금 느껴지는 산미는 구연산(감귤류)일 것만 같지만, 실제로는 오렌지의 플레이버와 말릭산(사과)일 수도 있다. 이처럼 플레이버가 선입견으로 작용하면 산미 평가가 어려워진다. 플레이버와 텍스처, 산미는 각각 다른 범주로 나누어 생각해야 한다. 앞의 예로 든 산미가 실제로는 말릭산이라면 이는 플레이버가 선입견으로 작용한 결과다.

음식에서 느낄 수 있는 산미
특정 산이 함유된 음식을 먹으며 산의 느낌에 집중하고 기억해보자.

유기산	무기산
유기화합물 중 산성을 갖는 것으로, 동식물계에서 얻어지는 산을 뜻한다. • 구연산(감귤류) • 말릭산(사과, 포도, 살구 등) • 초산(식초류)	유기산과 대응되는 것으로 탄소를 포함하고 있지 않은 산기와 수소가 결합한 산. 보통 광물계에서 얻어지는 산을 무기산이라고 한다. • 인산(콜라)

산미의 종류와 강도를 파악하는 방법

그렇다면 커피를 맛볼 때 산미의 종류와 강도는 어떻게 파악하고 평가할 수 있을까? 먼저 산미의 종류를 파악하려면 커피를 마실 때 각각의 산을 떠올리며 부합하는 맛을 찾아보자. 강도를 평가할 땐 0에서 5까지의 점수로 표현한다. 점수가 낮을수록 산미가 낮은 것이다.

예를 들어보자. 커피를 마시며 가장 먼저 오렌지(감귤류)의 신맛이 느껴지는지 살핀다. 이전에 오렌지를 먹었던 기억을 되뇌며 오로지 신맛에만 집중해야 한다. 오렌지, 오렌지, 오렌지… 느껴진다면 이 커피에는 구연산이 존재하는 것이다. 이어서 구연산의 강도가 어느 정도인지 파악해보자. 0~5점 중 3점을 '내가 마시기에 적절한 신맛의 강도'라고 정해두고 그보다 강하면 4~5점, 약하면 1~2점, 해당 신맛이 존재하지 않는다면 0점을 매기면 된다.

다음은 말릭산 차례다. 사과에서 맛볼 수 있는 신맛이 느껴지는지, 그렇다면 강도는 어느 정도인지 파악한다. 초산, 인산도 차례로 진행한다. 특정 산의 존재 유무를 확인한 뒤 강도를 체크하는 순서다.

한 가지 산미가 명확한 커피도 좋지만, 복합적인 산이 느껴지는 커피일수록 좋은 점수를 받는다. 이런 커피를 맛보면서 나의 기호에 맞는 산미의 뉘앙스도 알 수 있다. 한 마디 덧붙이자면 커피에 대한 기호를 딱 한 가지로 한정할 필요는 없다. 아이스 브루잉과 따뜻한 브루잉, 사이폰 커피와 종이필터 커피 등 추출 특성에 따라 기호는 충분히 달라질 수 있다. 아이스 브루잉으로는 산미가 좋은 커피, 따뜻한 브루잉으로는 단맛과 바디 위주의 커피를 좋아하는 식으로 말이다.

산미에 대한 기호 파악

	0	1	2	3 (편안한 강도)	4	5	노트
구연산					V		오렌지
사과산				V			사과
인산		V					콜라
초산	V						식초

단맛과 질감

커피의 단맛은 갈색 설탕, 캐러멜, 꿀 등으로 표현할 수 있다. 좋은 단맛은 커피 맛의 중추 역할을 한다. 어느 한 부분이 부족할지라도 단맛이 중심을 잡아주면 좋은 커피로 평가받을 수 있다. 쓴맛의 중화 역시 단맛이 뒷받침되어야 가능하다. 하지만 단맛이 부족한 커피는 수습이 어렵다. 어느 한 부분이 아니라 두 가지 이상의 결핍 때문인 경우가 많아서다. 덧붙여 단맛은 생두의 품질과 추출, 로스팅 결과를 평가하는 중요한 단초이기도 하다.

질감(텍스처 *Texture*)은 바디와 떫은맛 등 커피에서 느껴지는 총체적인 촉감이다. 좋은 질감은 견고한 밸런스를 가진 커피에서 느낄 수 있다. 부드러우면서 묵직한 커피는 단맛을 중심으로 신맛과 쓴맛, 향미가 적절히 어우러져야만 나올 수 있는 결과다.

커피의 질감은 바디의 상위 개념으로, 바디를 질감 혹은 텍스처라고 말하는 건 무방하지만 반대로 모든 텍스처를 바디감이라고 표현할 수는 없다. 예를 들어 우유 등의 유지방과 같은 텍스처는 중간 강도의 좋은 바디감이다. 그러나 혀에 자극을 주는 탄산과 같은 텍스처, 거친 입자가 주는 듯한 미분감은 유지방과 마찬가지로 커피 맛을 무겁게 하지만 바디라고 하지는 않는다. 바디를 표현하는 대표적인 항목에는 우유, 크림, 오일이 있다. 우유는 좋은 바디의 중간 강도, 크림은 강한 바디, 오일은 매우 강하고 밀도감 있는 바디로 표현된다.

떫은맛은 와인에서는 좋은 질감으로 여겨지지만, 커피에서는 부정적인 질감에 속한다. 이는 덜 익은 감을 떠올리면 이해하기 쉽다. 떫은맛이 너무 강하면 다른 맛을 느끼기 어려워 전체적인 맛 밸런스가 무너진다.

커피의 농도
(TDS)

우리의 미각은 객관적이지 않다. 사람마다 느끼는 커피의 농도는 다르며, 선호하는 농도도 제각각이다. 나에겐 중간 농도의 커피를 다른 사람은 진하거나 연하다고 느낄 수 있다. 그래서 손님의 기호를 맞추기에 앞서 농도에 대한 나의 기준을 분명히 세우는 것이 좋다. 한 가지 명심할 점은 쓴맛이 강한 커피가 곧 진한 커피는 아니라는 것이다. 물론 농도가 진한 커피는 쓴맛의 강도가 높을 수 있다. 하지만 쓰기만 하고 농도는 연한 커피도 존재한다.

커피의 농도는 앞에서 다룬 단맛, 질감과도 연관이 깊다. 보통 두 가지의 강도가 강할수록 커피는 진하다. 만약 단맛은 부족한데 쓴맛과 떫은맛이 강하다면 이는 좋은 농도의 커피라 할 수 없다.

커피의 농도에 변화를 주는 건 간단한 일이 아니다. 농도를 변화시키기 위해선 추출 디자인을 완전히 바꿔야 할 정도다. 일정한 양의 커피에서 추출할 수 있는 맛의 성분은 제한적이다. 진한 농도의 결과물을 얻으려면 더 많은 양의 커피를 사용하거나 추출하는 양을 줄여야 한다. 물론 이에 따라 분쇄도, 물 온도 등 다른 추출변수 역시 알맞게 바꾸어야 한다.

농도를 설명할 때 우리는 'TDS'라는 용어를 접하게 된다. TDS의 단위 'mg/L'에서 알 수 있듯 이는 용액(물+성분) 1L에 녹아있는 성분의 양(mg)이다. 커피 농도를 객관화할 수 있는 척도이기 때문에 여러 바리스타가 근무하는 매장에 특히 유용하다. 하지만 최종적인 판단은 바리스타의 미각을 따라야 한다. TDS는 단위리터당 커피성분의 총량이지 좋은 맛의 총량이 아니기 때문이다. 이는 커피의 농도가 일정 범위 안에 들어오게 하기 위해 참고하는 수치다. 즉, 절대적인 판단 기준이 아님을 명심하자.

TDS Total Dissolved Solids

커피에 녹아있는 고형분의 양을 나타내는 수치다. 수치가 높을수록 농도가 진하고, 낮을수록 연하다. 이를 계산하는 공식은 아래와 같다.

물에 녹아있는 커피의 성분(g) / 추출한 커피의 총량(g)×100 = TDS(%)

미국커피협회(SCA)에서는 1.15~1.35% 정도의 TDS 수치를 적정 농도로 간주하고 있다.

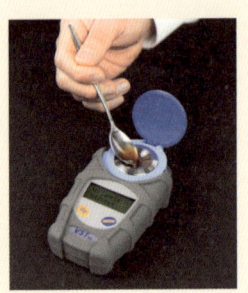

TIP **수율과 TDS의 관계**

커피 추출에는 '수율'이란 단어가 자주 등장한다. 수율이란 추출에 사용한 원두를 이루고 있는 모든 고형분(g) 대비 얼마만큼의 커피성분(g)이 추출되었는지를 백분율로 표현한 것이다. TDS는 추출한 커피의 총질량 대비 추출된 커피성분의 양을 백분율로 환산한 값이다.

수율과 TDS는 항상 비례관계는 아니다. 수율은 사용한 원두의 질량 대비이기 때문에 수율이 높다고 해도 추출한 커피의 양이 많다면 TDS는 낮아진다. 또한 원두의 양을 늘렸지만 커피의 추출량은 동일하다면 TDS는 높아지고 수율은 낮아질 수 있다. 참고로 수율과 TDS를 통해 추출이 충분히 이뤄졌는지 파악할 수 있지만, 맛있는 커피를 추출했다는 지표로 삼기에는 부족하다는 점을 잊지 말자.

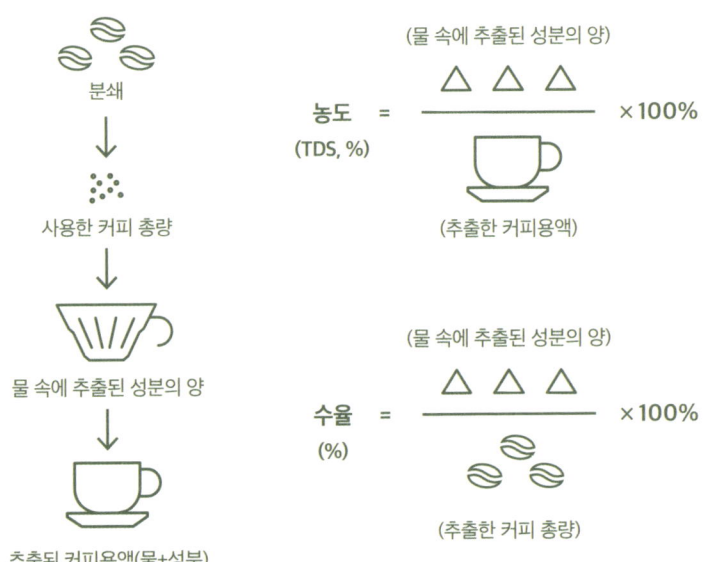

플레이버

플레이버 *Flavor*는 우리가 생각하는 어떠한 음식의 맛과 향이라 이해하면 된다. 통상적으로 맛은 '단맛', '쓴맛', '신맛', '짠맛', '감칠맛(우마미 *Umami*)' 다섯 가지로 분류된다. 혀로 느끼는 다섯 가지 맛에 더불어 코로 느끼는 향 성분이 더해져야만 우리는 이를 특정 맛으로 인지할 수 있다.

그렇다면 맛과 향에 대한 기호는 어떻게 파악할까. 먼저 커피를 마시면서 느껴지는 플레이버의 카테고리(과일, 초콜릿, 견과류 등)를 적어보자. 이후 카테고리별로 연상되는 구체적인 음식으로 노트를 적고, 해당 플레이버에 대한 선호도를 하나씩 체크하다 보면 나의 취향을 알 수 있을 것이다.

지금까지 커피의 산, 단맛과 질감, 농도, 플레이버에 대해 알아보고 내가 선호하는 커피를 찾는 과정을 소개했다. 커피 맛 표현에 대해 이해하고 나의 기호를 파악했다면 추출의 절반은 끝난 셈이다.

플레이버 선호도 파악을 위한 노트 예시

	노트	0	1	2	3	4	5
과일	블루베리						
초콜릿	밀크초콜릿						
견과류	아몬드						
꽃	재스민						
향신료	정향						

02 브루잉 추출변수

브루잉 추출변수란 추출 결과물에 영향을 줄 수 있는 모든 요인을 말한다. 로스팅 포인트, 원두의 컨디션, 추출도구의 선택, 추출자의 컨디션, 물의 온도, 그라인더 타입, 분쇄도, 원두양, 추출량, 추출 공간의 컨디션, 물의 종류 등 상당히 많은 변수가 존재한다. 이를 모두 통제할 수 있다면 좋겠지만 실제 통제 가능한 변수는 많지 않다. 먼저 통제 불가한 변수에는 그날의 기후, 물(정수필터 종류), 마시는 사람의 기호 등이 있다. 이러한 변수들이 정해지고 나면 추출로써 결과물을 통제해야 한다. 통제가 가능한 변수로는 원두의 종류와 양, 분쇄도, 추출수의 온도, 추출 시간(속도), 추출량 등이 있다. 이들 변수를 어떻게 디자인 하느냐에 따라 커피 맛이 달라진다. 즉, 의도한 맛을 내려면 변수를 잘 알아야 한다.

비 오는 날을 예로 들어보자. 습도나 온도, 기온 등이 평소와는 다를 텐데 이는 개인이 통제할 수 없다. 이런 상황에서 평소대로 추출하면 다른 맛이 표현되기도 한다. 이를 바로잡고자 할 때 중요한 척도는 '센서리'다. 센서리를 바탕으로 통제 가능한 변수를 조절하며 원하는 맛을 찾아가야 한다.

지금부터 설명하는 추출변수는 가장 기본적인 것들로 바리스타라면 누구나 알아둬야 할 중요한 부분이다. 이 내용을 모르는 상태에서 의도대로 커피가 추출됐다면 이는 우연일 가능성이 높다.

브루잉 추출변수의 이해

① 물 온도

추출하는 물의 온도는 신맛의 조절과 관련이 깊다. 신맛의 강도는 추출수의 온도가 높을수록 약해지고 온도가 낮을수록 강해진다. 커피에서 추출되는 맛의 밸런스 때문이다.

> 물과의 친화성이 강한 극성이 있는 원자단

우선 온도가 높다는 것은 운동에너지가 많다는 뜻이다. 많은 운동에너지를 가진 물은 활발한 분자운동을 통해 친수성기*를 가진 성분 혹은 지방성분의 고형분을 잘 용해시킨다. 쉽게 말해 온도가 높을수록 커피의 고형분이 많이 녹는다. 뜨거운 물에 설탕을 녹이면 차가운 물일 때보다 잘 녹는 것과 같은 이치다. 이렇게 성분이 우러남에 따라 맛의 밸런스가 달라진다. 간단한 예로 레모네이드를 들 수 있다. 탄산수에 레몬을 착즙해 넣으면 신맛이 너무 강해 마시기 힘들다. 그래서 우리는 설탕을 넣어 신맛을 중화해 밸런스를 잡는다. 마찬가지로 커피 또한 추출하는 물의 온도가 높으면 단맛, 감칠맛, 쓴맛 등 여러 종류의 맛이 더 많이 추출되면서 신맛과 밸런스를 이룬다.

반면 추출수의 온도가 낮으면 맛의 성분이 적게 우러난다. 그렇다면 물 온도가 낮을수록 산 성분도 적게 우러나 신맛이 약해지는 게 아니냐고 생각할 수 있다. 한 연구 내용을 살펴보면 88℃ / 92℃ / 96℃의 물에 커피를 추출한 결과, 유기산 성분이 가장 많이 추출된 물의 온도는 92℃ > 96℃ > 88℃ 순이었다. 즉, 물 온도가 높다고 무조건 산이 많이 우러나는 건 아니라는 것이다. 그러나 커피 추출에 사용하는 물 온도는 보통 88~93℃ 사이이므로, 온도가 높을수록 산 성분이 많이 추출된다고 봐도 무방하다. 그런데도 온도가 높을수록 신맛의 강도가 낮아지는 건 결국 다른 맛과의 밸런스로 설명된다. 낮은 온도에서는 다른 맛과 마찬가지로 신맛도 적게 추출되지만, 신맛은 다른 맛보다 강한 개성을 지녔기 때문에 더욱 도드라지는 것이다.

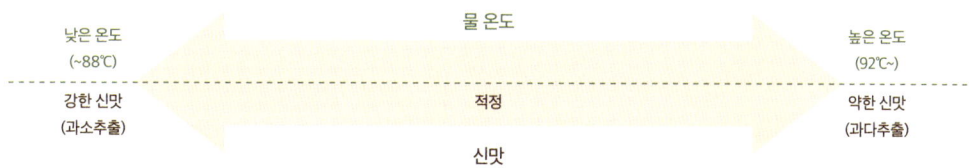

*온도가 높을수록 더 많은 성분이 추출되어 다른 맛들이 신맛을 중화한다.

② 분쇄도

커피를 추출할 땐 원두를 곱게 분쇄해 사용한다. 커피와 물이 만나는 표면적을 극대화해 추출이 잘 이뤄지게 하기 위해서다. 커피의 입자가 작을수록 물과 만나는 표면적이 넓어져 고형분이 잘 용해된다. 반대로 입자가 굵어질수록 추출되는 고형분의 양이 적어진다. 실생활에서도 비슷한 현상을 쉽게 찾아볼 수 있다. 각설탕과 가루설탕을 같은 온도, 같은 양의 물에 녹인다고 가정해보자. 물에 닿는 표면적이 상대적으로 넓은 가루설탕이 더 빠르게 녹는다.

 분쇄도는 커피의 농도와 관련이 깊다. 같은 양의 원두로 더 진한 커피를 추출하려면 가늘게 분쇄해야 한다. 반면 커피가 너무 진해 농도를 조절하고 싶다면 원두를 더 굵게 갈면 된다. 원두가 어떤 모양으로 절삭됐는지에 따라 추출 뉘앙스가 달라지기도 한다. 입자 크기가 같더라도 절삭 모양에 따라 물과 만나는 표면적이 달라지기 때문이다. 이는 사용하는 그라인더의 분쇄 방식과 날의 종류에 달려 있다.

*분쇄입자가 가늘면 원두와 물이 만나는 표면적이 넓어 진한 커피가 추출된다.

③ 원두 양

정해진 양의 커피가 가진 맛의 고형성분은 한정적이다. 일정량의 커피로 추출할 수 있는 좋은 성분에는 한계가 있다는 뜻이다. 상대적으로 더 진한 커피를 내리거나, 한 잔에 많은 성분을 담으려면 커피의 양을 늘려야 한다. 이처럼 원두양은 커피 농도와 깊은 연관이 있다.

하지만 한 가지 주의할 점이 있다. 커피의 농도를 올리기 위해 원두양을 늘리고 추출시간, 분쇄도, 물 온도 등 다른 추출변수는 그대로 가져간다면 오히려 농도가 연해질 수 있다. 같은 추출 조건에서 원두양만 지나치게 늘리면 커피의 성분을 온전히 추출하기 어려워진다. 과소추출이 일어나는 것이다. 그러므로 같은 조건에서 원두양만을 조절해 농도에 변화를 주려면 너무 많지도 적지도 않은 적당량을 파악해야 한다. 나의 경험상 브루잉에서는 ±5g 이내가 적당했다.

20g	25g	30g	35g
적은 양	적정량	많은 양	지나치게 많은 양
연한 농도 (과다추출)	중간 농도 (적정 추출)	진한 농도 (과소추출)	연한 농도 (과소추출)

*원두가 많을수록 추출할 수 있는 성분이 많아진다.
주의! 원두양을 늘렸다고 해도 다른 추출변수(추출시간, 분쇄도 등)가 그대로면 커피가 오히려 연해질 수 있다. 이때는 지나치게 과소추출된 것이니 원두양을 다시 줄이거나 다른 변수를 함께 조절하자.

④ 추출량

추출량이란 물을 이용해 추출해낸 커피액의 총량을 칭한다. 일정량의 원두는 한정된 성분을 가지고 있으므로 추출량이 늘어나면 커피는 연해지고 추출량이 적어지면 진해진다. 같은 추출 레시피에서 추출량을 10% 정도만 늘려도 농도는 비교적 많이 연해진다. 반대로 추출량을 10%만 줄여도 맛의 강도는 강해지고 애프터테이스트는 짧아진다.

지나치게 적은 양	적은 양	적정량	많은 양
연하다 (과소추출)	진하다 (과소추출)	중간 농도 (적정 추출)	연하다 (과다추출)

*농도를 연하게 하기 위해 추출량을 늘린다면 커피는 계속 연해지지만, 진한 농도의 커피를 얻겠다고 추출량을 지나치게 줄이면 애프터 테이스트가 짧아지고 우리가 느끼는 전반적인 맛의 자극이 줄어들어 오히려 더 연한 커피로 느낄 수 있다.

⑤ 추출시간

물과 커피가 만나는 시간을 추출시간이라고 한다. 즉, 원두에 물을 부은 때부터 추출을 모두 마친 시점까지를 말한다. 추출시간은 커피의 농도와 관련이 깊다. 가장 간단하면서도 추출 결과물에 직접적인 영향을 준다. 녹차를 오래 우릴수록 맛이 진해지고 쓴맛이 나는 것처럼 커피도 마찬가지다. 물과의 접촉시간이 길어지면 더 많은 성분이 용해된다.

짧은 추출시간	적정 추출시간	긴 추출시간
연한 농도 (과소추출)	적정 농도	진한 농도 (과다추출)

원두에서 추출할 수 있는 좋은 맛의 성분은 한정적이다. 무작정 오래 추출하면 쓴맛과 떫은 질감을 유발한다. 떫은맛이 나기 전까지를 최대 추출시간 으로 간주한다.

• 같은 추출조건 아래 사용한 원두양 대비 긍정적이면서 가장 진한 커피를 추출하는 시간. 최대 추출시간은 다른 변수를 조절함에 따라 바뀔 수 있다.

추출변수에 따른 과소/과다추출에 관한 설명은 이어지는 추출변수 디자인 파트에서 자세히 설명한다. 이를 읽으면 앞서 이야기한 내용을 더 쉽게 이해할 수 있다.

추출변수 디자인

추출변수 디자인이란 적정 추출 또는 의도한 추출을 구현하기 위한 설계 과정이다. 개인적으로 적정한 추출이란 커피를 마시는 사람의 기호를 고려한 추출이라고 생각한다. 추출을 잘한다는 건 어떤 의미인가? 이와 관련해서는 두 가지의 중요한 기준이 있다.

첫째, 일정한 맛을 추출할 수 있어야 한다. 원하는 맛을 추출했다고 가정했을 때 두 번째, 세 번째 추출에서도 같은 맛을 내는 커피를 추출해야 한다.

둘째, 추출 원리를 이해하고 의도한 추출을 할 수 있어야 한다. 괜찮은 추출 디자인을 하나 만들어두면 어떤 커피로 추출해도 평균 이상의 맛을 낼 수 있다. 하지만 최상의 맛을 표현하기 위해서는 추출변수 각각의 원리를 이해해야 하며, 똑같이 진한 농도로 추출변수를 디자인했다 하더라도 다른 뉘앙스의 결과물이 만들어진다는 것을 인지해야 한다. 만약 이런 과정 없이 하나의 추출 디자인으로 최상의 맛을 얻었다면 그것은 '우연'일 것이다.

또한 추출기구별 기준추출을 한두 가지 정도 정해둔다면 새로운 원두를 처음 추출하더라도 평균 이상의 결과물을 얻을 수 있다.

기준추출이란?

적정 추출을 위해 변수를 수차례 디자인하다 보면 일정 추출값(물의 온도, 커피의 양, 분쇄도, 추출량 등)을 얻게 된다. 물론 적정 추출값은 원두마다 다를 테지만 평균적인 값을 파악할 수 있다. 이를 기준으로 새로운 원두에 적용하면 보다 쉽게 추출변수를 디자인할 수 있다. 필자의 경우 따뜻한 커피 한 잔을 추출할 때 아래와 같이 기준추출을 적용한다.

드리퍼	멜리타 1×1
커피양	20g
물 온도	89℃
추출량	200g(㎖)
추출비율	1:12
필터	황색 종이필터(린싱 ×)
추출시간	2분 20초

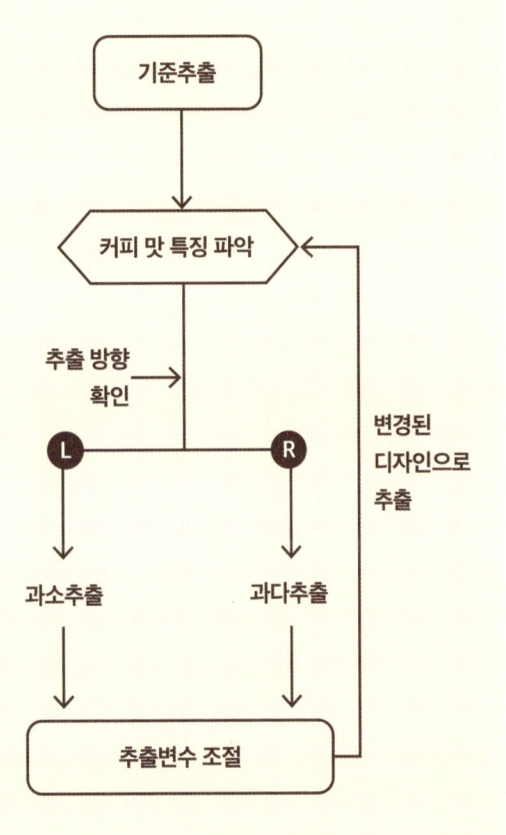

올바른 추출 가이드

이제부터는 올바른 추출을 하기 위한 가이드를 제시하려 한다. 여러 추출변수를 조절하다 보면 맛의 기준을 잡기가 쉽지 않다. 이 책에서 제시하는 추출 가이드는 '이분법적 추출 가이드'다. 커피를 평가하는 데에는 많은 기준이 존재한다. 하지만 추출기준이 올바르더라도 개인적인 기호에 따라 호불호가 갈리기도 한다. 그래서 정상적인 추출과 비정상적인 추출이 아니라, '과소추출'과 '과다추출'로 나눈 이분법적 추출 가이드를 소개한다. 과소추출과 과다추출의 개념은 모든 변수를 통제하는 기준이 된다. 각각의 특징을 잘 파악하고 있다면 어느 한쪽에 치우치지 않은 균형감각적 추출이 가능해진다.

이분법적 추출 가이드

추출 성분이 적다	균형잡힌 추출	추출 성분이 많다
과소추출(좌) (과소추출)	적정추출	과다추출(우) (과다추출)
강한 산미, 짧은 여운, 연한 농도	적절한 산미, 부드러운 질감, 농후한 단맛, 다채로운 플레이버, 은은하면서 긴 여운	강한 쓴맛/떫은맛 연한/진한 농도

과소추출이란?

사용한 원두양 대비 커피의 성분을 충분히 추출하지 못한 경우를 과소추출이라 일컫는다. 과소추출된 커피의 특징은 산미가 강하고 여운이 짧다는 것이다. 커피의 성분이 잘 추출되지 않으면 워터리*watery*해지며, 커피의 상대적으로 강한 특징인 산미가 도드라진다. 과소추출된 커피를 마셨을때 산미의 강도 때문에 농도가 진한 커피로 착각할 수 있으니 조심하자. 산미가 강하게 느껴지지만 목넘김 뒤 입에 남는 여운이 지나치게 짧다면 과소추출을 의심해 보아야 한다.

(TIP) **커피가 워터리하다?**

커피 한 잔은 약 98%의 물로 이루어져 있다. 커피 맛을 내는 건 2% 이내의 성분들인데, 맛의 강도(농도)가 조금만 약해져도 대부분의 비중을 차지하고 있는 물의 느낌이 지배적이게 된다. 이로 인해 바디, 향, 단맛, 신맛 등의 강도가 약해질 때 워터리하다(물같이 연하다)고 표현한다.

과다추출이란?

과다추출의 경우는 두 가지로 나눌 수 있다. 첫 번째, 맛의 스펙트럼은 넓지만(여러 가지 플레이버가 느껴지지만) 농도가 연하고 후반부에 쓴맛과 떫은맛이 강하게 느껴질 때다. 추출량이 너무 많은 게 그 원인이다. 극단적인 예를 들자면 200g이 적정 추출량인데 300g을 추출한 경우다. 추출량은 늘었지만 커피양은 그대로라면 추출할 수 있는 원두 성분이 한정적이므로 커피가 연해지고 부정적인 맛이 나게 된다. 두 번째는 농도가 진하고 쓴맛과 떫은맛이 지나치게 강한 경우다. 이는 아주 가늘게 분쇄한 커피를 오래 추출했거나 추출수의 온도가 너무 높았을 때 나타나는 현상이다. 두 가지 케이스의 공통적인 특징은 쓴맛이 강하고 떫은맛이 느껴진다는 것이다.

간혹 과소추출과 과다추출을 비교하다 보면 특징이 비슷할 때가 있다. 쓴맛의 강도가 강한 경우인데, 이는 신맛과 마찬가지로 쓴맛 역시 커피에서 강한 개성을 가진 맛이기 때문이다. 이 경우 과소추출과 과다추출의 구분이 어려울 수 있다. 이때는 '여운(애프터테이스트 *Aftertaste*)'으로 판단하자. 여운이 짧으면 과소추출, 길면 과다추출이다. 한편 떫은맛이 강한 경우 대부분 과다추출이다. 추출의 양상을 이해했다면 이제 추출변수를 디자인할 때다.

CHAPTER 3

브루잉과
센서리

센서리는 음식과 떼려야 뗄 수 없는 관계에 있다. 맛을 볼 수 없는 바리스타는 헤엄치지 못하는 물고기와 같다. 추출 테크닉이 아무리 뛰어나도 센서리가 받쳐주지 못한다면 좋은 추출을 하기 어렵다. 아무리 강조해도 지나치지 않은 센서리의 중요성, 센서리 능력을 키우는 방법 그리고 맛있는 커피를 넘어 좋은 커피를 만드는 센서리에 대한 내용까지 이번 챕터에서 만나보자.

---

01 센서리의 의미와 중요성

02 브루잉을 위한 센서리 연습
　① 산미
　② 단맛과 질감

03 추출변수에 따른 센서리 연습

04 센서리와 서비스의 관계

01 센서리의 의미와 중요성

센서리란 좋은 커피와 일관된 결과물을 얻기 위해 커피의 향과 맛, 산미, 텍스처 등을 종합적으로 평가한 것을 말한다. 이 책에서는 범위를 좀 더 넓혀 '커피 한 잔에서 느낄 수 있는 모든 자극(시각, 후각, 촉각, 시각, 청각)에 대한 감각'이라고 말하겠다. 필자가 생각하는 센서리란 처음 원두를 갈 때의 향, 잔의 색과 모양, 어울리는 잔에 커피를 제공받았을 때의 기분, 그 잔을 잡은 순간 느껴지는 온도, 찻잔에 입을 댔을 때 느껴지는 온도 등 무궁무진하다. 결국, 센서리는 단순히 관능평가에 국한되는 것이 아니라 모든 서비스에서 비롯된다고 할 수 있다. 커피를 마시는 사람의 입장에서 센서리를 이야기하자면 다음과 같다.

① **시각**: 커피를 내리는 사람의 모습을 바라보는 것, 커피가 담겨있는 잔의 모양, 카페의 인테리어에서 느껴지는 시각적인 감각
② **후각**: 원두를 갈았을 때 나는 향, 커피와 물이 만났을 때 나는 향, 커피를 마실 때 느껴지는 향, 커피를 마시고 난 후의 잔향
③ **청각**: 커피기구들이 부딪히는 소리, 그라인더 작동하는 소리, 음악 소리
④ **촉각**: 커피잔을 처음 잡았을 때 느껴지는 온도, 커피를 마실 때 느껴지는 온도와 바디감
⑤ **미각**: 단맛, 쓴맛, 신맛, 짠맛, 감칠맛

이처럼 센서리는 커피의 품질을 알아보기 위한 평가항목인 동시에 추출과정에서 느껴지는 모든 감각이기도 하다. 센서리가 중요한 이유는 나의 기호를 알 수 있는 결정적 척도이기 때문이다. 거듭 강조하듯 나의 기호를 알아야 내가 원하는 커피를 추출할 수 있고 그래야만 일정한 커피 맛을 유지할 수 있다. 나만의 명확한 센서리 기준은 커피애호가로서

또는 바리스타로서 가장 기본적이고 중요한 기술과도 같아, 이를 제대로 정립하면 커피에 관련된 모든 과정에서 자신감을 갖게 된다.

브루잉에서 센서리의 중요성

브루잉에서도 센서리는 절반 이상의 역할을 한다고 해도 과언이 아니라고 본다. 센서리는 자신이 커피의 좋은 맛을 바르게 느끼고 있는지, 또 얼마나 기민하게 느끼고 있는지 그리고 스스로의 커피스타일을 재연(再演)할 수 있는가에 대한 상대적이면서도 절대적인 기준이 된다. 이를 바탕으로 브루잉에서 센서리는 추출 디자인에 중요한 역할을 한다. 의도한 결과를 구현하고자 할 때 판단 기준의 척도가 되며, 타인과의 칼리브레이션*을 보다 정확하고 능동적으로 할 수 있게 한다. 한편 타인과의 칼리브레이션도 물론 중요하지만 자신과의 칼리브레이션이 더 중요하다. 내 기준이 확고해져야 다른 사람과의 칼리브레이션 기준 또한 확고해지기 때문이다.

　브루잉 커피는 추출 시간이 상대적으로 긴 편이다. 따라서 순간마다의 작은 변화가 결과물에 큰 물결처럼 나타나기도 한다. 브루잉에서 센서리는 작은 변화와 결과물의 상관관계를 파악하고 긍정적인 방향으로 밀고 나갈 수 있는 원동력이 된다.

* 타인과 맛의 기준을 맞추는 것

센서리의 하위 범주

프래그런스 Fragrance	분쇄커피에 물을 붓기 전, 마른 상태에서 나는 향
아로마 Aroma	분쇄커피에 물을 붓고 나서 나는 향
플레이버 Flavor	'맛+향'의 공감각적 개념으로 특정 식품을 떠올리게 하는 것
애프터테이스트 Aftertaste	잔향. 커피를 맛본 뒤 입과 코에 남은 여운
액시디티 Acidity	산미(구연산, 사과산, 초산, 인산)
바디 Body	혀를 누르는 묵직한 정도 (우유 < 크림 < 오일)
밸런스 Balance	조화(전체적인 조화, 시너지)
스위트니스 Sweetness	단맛(갈색설탕, 꿀, 캐러멜)

02 브루잉을 위한 센서리 연습

센서리 훈련은 미각과 후각에 대한 자극을 기억하고 익히는 것에서 시작한다. 온전히 맛과 향에 집중하는 시간을 가져보자. 커피를 오랫동안 해왔다고 해서 좋은 센서리를 가지고 있는 것은 결코 아니다. 한번 습득한 감각은 쉽게 지워지지 않기 때문에 단기간이라고 할지라도 집중적으로 감각을 익히는 것이 가장 효과적이라 할 수 있다.

미각과 후각 연습은 SCA(SPECIALTY COFFEE ASSOCIATION OF AMERICA)의 큐그레이더 훈련 과정을 기반으로 했다.

미각 연습

미각 용액을 이용한 연습

SCA 큐그레이더 인증 과정에서는 미각 테스트를 한다. 단맛, 신맛, 짠맛을 구분해 내는 것으로 강도에 따라 세 가지 샘플이 주어진다(ex. 단맛1, 단맛2, 단맛3). 1단계 평가에서는 9개 샘플을 맛보고 맛의 항목별, 강도별로 구분해야 한다. 다음으로는 두 가지 맛이 섞여 있는 샘플과 세 가지 맛이 섞여 있는 샘플 총 8가지를 맛보고, 섞여 있는 맛의 가짓수와 종류, 강도를 맞춘다. 세 가지 맛이 섞여 있는 것을 구분할 때는 가장 강하게 느껴지는 맛부터 차례로 찾아가야 한다. 맛을 잘 구분하려면 섞여 있지 않은 샘플의 강도와 뉘앙스를 잘 기억하는 게 좋다. 필자는 맛과 텍스처에 집중하는 편이다.

여러 가지 맛이 섞여 있을 때 각각의 맛은 더욱 구분하기 어려워진다. 한번에 여러 맛을 구분하려 하기보단 여러 맛 중 한 가지 맛의 존재 유무에 집중하자. 그리고 그 맛의 강도를 파악한 뒤 커피에 긍정적인 역할을 하는지를 살피고 다른 맛과의 조화로움(밸런스)을 평가할 수 있다면 가장 좋다.

단맛· 짠맛· 신맛 샘플 만드는 방법

섞여 있는 맛의 종류를 맞추는 것이 더 중요하다. 맛의 강도는 정확하게 맞추면 좋지만 어렵다면 가장 강한 맛을 골라내는 데에 집중하자. (목표: 70% 이상 맞추기)

1단계 아홉 가지 용액을 맛의 종류와 강도에 따라 구분하기(목표: 모두 맞추기)

2단계 무작위 농도의 두 가지 맛이 섞인 4개의 컵, 무작위 농도의 세 가지 맛이 섞인 4개의 컵을 맛보고 어떤 강도의 맛이 섞였는지 구분하기

단맛	강도	물 2ℓ	
	1	설탕 10g	
	2	설탕 20g	백설탕 등 정제설탕 사용
	3	설탕 40g	

짠맛	강도	물 2ℓ	
	1	소금 1.25g	
	2	소금 2.50g	천연소금은 미네랄 함유량이 높으므로 정제소금 사용
	3	소금 5.00g	

신맛	강도	물 2ℓ	
	1	구연산 3.0㎖	랩켐LabChem 사의 구연산을 구해 연습하기는 쉽지 않다. 연습용이라면 사과식초 혹은 식용 가능한 구연산 용액을 구매해 사용해도 좋다. 랩켐 구연산을 사용하는 게 아니라면 항목별 산미의 강도는 달라질 수 있다.
	2	구연산 5.25㎖	
	3	구연산 10.50㎖	

평소에 할 수 있는 센서리 연습

맛은 단맛과 쓴맛, 신맛, 짠맛, 그리고 감칠맛으로 나뉜다. 한 모금당 하나의 맛을 평가하며 집중적으로 느껴보자. 가장 먼저 (1) 해당 맛의 존재 유무를 확인한 뒤 (2) 맛의 강도(0에서 10까지)를 파악하고, (3) 이 맛이 커피에 좋은 영향을 주는지 확인한다. 다음으로 (4) 다른 맛과 좋은 시너지를 내는지 판단하고 (5) 다채로운 맛을 내는지 순서대로 평가한다.

평소 커피를 마실 때나 커핑을 할 때 아래 예시처럼 센서리 연습을 해보자.

점수 구분

0 존재하지 않음

1~10 숫자가 높을수록 맛의 강도가 강함

단맛

① 강도: 8

② 커피에 주는 영향: 매우 좋음

③ 다른 맛과의 시너지: 신맛과 만나 잘 익은 과일의 느낌, 쓴맛과는 밸런스를 이루어 감칠맛을 높여줌

④ 다채로움(노트): 갈색설탕, 꿀, 캐러멜의 단맛

신맛

① 강도: 7

② 커피에 주는 영향: 긍정적

③ 다른 맛과의 시너지: 신맛만 지배적이지 않고 다른 맛도 잘 느껴짐. 특히 단맛과 함께 조화로움

④ 다채로움(노트): 시트릭, 말릭 두 가지 유기산이 잘 느껴짐

쓴맛

① 강도: 4

② 커피에 주는 영향: 긍정적, 쌉싸름한 맛을 줌

③ 다른 맛과의 시너지: 단맛과 잘 어우러져 좋은 바디로 느껴짐

④ 다채로움(노트): 다크초콜릿, 카카오닙스

감칠맛

① 강도: 7

② 커피에 주는 영향: 긍정적

③ 다른 맛과 시너지: 쓴맛, 단맛, 신맛의 밸런스를 더해줌

④ 다채로움(노트): 잘 지어진 밥을 먹을 때의 감칠맛 같음

짠맛

① 강도: 1

② 커피에 주는 영향: 없음

③ 다른 맛과 시너지: 짠맛이 아주 약하게 느껴지지만 다른 맛을 저하시키는 정도는 아님

④ 다채로움(노트): 없음

후각 연습

커피 아로마키트를 이용한 연습

후각 연습에는 르네뒤뱅 사의 커피 아로마키트를 활용하는 것을 추천한다. 아래와 같이 네 가지 향의 갈래마다 아홉 개의 향으로 구성된 총 36개의 향이 들어있다.

① 엔자이매틱 Enzymatic

생두의 효소반응에 의한 향이다. 꽃 향 Flowery, 과일 향 Fruity, 허브 향 Herby이 있다.

② 슈가브라우닝Sugar Browing

로스팅 과정에서 발생하는 갈변현상으로 만들어지는 향기다. 캐러멜, 볶은 견과류, 초콜릿이 해당한다.

③ 아로마틱 테인트Aromatic Taints

생두 가공, 보관, 유통 과정에서 일어나는 화학적 변화에 의한 향. 흙내음 Earthy, 발효 향Fermented, 방향류Phenolic가 있다.

④ 드라이디스틸레이션Dry Distillation

로스팅 중 크랙이 일어나면서 생두 내부 수분이 기화하는 중화현상으로 인해 발생한다. 향신료 향Spicy이 대표적이다.

르네뒤뱅 커피 아로마키트

SCA 큐그레이더 과정에서는 'Olfactory'라는 후각 트레이닝을 받는다. 아로마키트 두 세트를 준비하고, 용액의 색상을 볼 수 없도록 마스킹 테이프로 가린 뒤 붉은 등만 켜 놓은 암실에서 똑같은 향 8쌍을 뽑는다. 키트를 두 개씩 구비하기 어렵다면 마스킹 테이프로 용액의 색을 가린 뒤 각각의 샘플이 어떤 향인지 맞추는 연습을 해보자. 그러기 위해선 모든 향을 감각으로써 잘 암기해야 한다.

일상생활에서의 후각 연습

우리가 말하는 컵 노트는 대부분 향+맛의 개념이다. 커피를 한 모금 마시고 특정 식품이 떠올랐다면 그건 그 커피가 해당 식품에서 느꼈던 맛과 향을 함께 지니고 있기 때문이다. 과일, 초콜릿, 견과류, 꽃 등 일상에서 접할 수 있는 향 중 커피에서 날 만한 것들을 집중해 맡아보자. 그리고 그 향을 기억해 감각적으로 각인시키는 것이 중요하다. 작은 변화로도 뉘앙스가 달라지는 커피에 기억 속 조금 흐려진 실제 향기를 대입시키려면 최대한 또렷하게 기억해두는 것이 좋다.

> **TIP** 평소 향을 주의 깊게 맡아보면 좋은 식품
>
> 과일 - 오렌지, 포도, 블루베리, 라즈베리, 복숭아, 자두, 레몬, 자몽
> 초콜릿 - 밀크초콜릿, 다크초콜릿, 카카오닙스,
> 견과류 - 구운 견과류(아몬드/호두/헤이즐넛/마카다미아/땅콩)
> 꽃류 - 라벤더, 재스민,
> 당류 - 허니, 케인슈가, 캐러멜,
> 스파이스 - 바닐라, 로즈메리, 민트 등

추출변수에 따른 센서리 연습

커피를 추출할 때에는 물 온도, 분쇄도, 추출량, 도징량, 추출시간 등 여러 변수를 컨트롤하게 된다. 같은 원두를 사용하더라도 분쇄도를 조절해 농도를 높이는 것과 원두양을 늘려 농도를 높이는 데에는 맛적인 차이가 있다. 조정하는 변수의 종류에 따라 커피의 뉘앙스가 달라지기 때문이다. 따라서 원하는 맛을 내고 이를 재현하려면 변수 조절에 따른 맛의 변화를 잘 이해해야 한다. 그러기 위해서는 같은 로스팅 배치의 원두를 지속적으로 추출해보는 것이 좋다. 다음 페이지의 표는 원하는 추출을 위해 변수를 조정하고 그에 따른 맛의 변화를 기록한 것이다. 물론 모든 원두에 그대로 적용 가능한 것은 아니지만 목적에 맞는 추출을 위한 변수 조절의 방향성을 파악하는 데 도움이 될 것이다.

목표	변수 조정 내용					선호하는 변수 조절
	온도	분쇄도	추출량	도징량	추출시간	
신맛 줄이기	높이기	가늘게	늘리기	줄이기	늘리기	온도
센서리 노트 변화	쌉싸름한 맛 증가	향미가 약해짐	농도가 연해짐	농도가 연해짐	떫은맛 증가	쌉싸름하지만 좋은 단맛, 클린한 애프터

목표	변수 조정 내용					선호하는 변수 조절
	온도	분쇄도	추출량	도징량	추출시간	
쓴맛 줄이기	낮추기	굵게	줄이기	늘리기	줄이기	원두 양 늘리기
센서리 노트 변화	쓴맛 감소	쓴맛이 줄었지만 신맛은 강해짐	쓴맛이 감소하고 농도는 진해짐	쓴맛이 줄고 농도는 진해짐	쓴맛이 줄고 농도가 연해짐	쓴맛이 줄고 깔끔한 맛이 남

목표	변수 조정 내용					선호하는 변수 조절
	온도	분쇄도	추출량	도징량	추출시간	
단맛 늘리기	높이기	가늘게	늘리기	줄이기	늘리기	분쇄도 가늘게
센서리 노트 변화	단맛이 나오지만 신맛은 감소	단맛 좋아짐	단맛이 좋아졌지만 농도가 연해짐	단맛과 쓴맛이 늘고 농도는 연해짐	단맛과 쓴맛 강해짐	단맛을 충분히 추출하게 됨

목표	변수 조정 내용					선호하는 변수 조절
	온도	분쇄도	추출량	도징량	추출시간	
농도 진하게	높이기	가늘게	줄이기	늘리기	늘리기	원두 양 늘리기
센서리 노트 변화	농도는 진해졌지만 쓴맛이 나고 애프터가 안 좋아짐	텍스처가 거칠어지고 쓴맛이 강해짐	농도가 진해졌지만 애프터가 짧아짐	농도가 진해짐	쓴맛이 강해지고 신맛은 감소함	농도가 진해지면서 깔끔한 맛이 남

센서리와 서비스의 관계

필자는 커피의 센서리를 단순히 맛에 대한 것으로 국한하지 않는다. 최선의 맛을 최고의 맛으로 만드는 것은 '서비스'라고 생각한다. 서비스에는 커피와 잘 어울리는 잔, 커피를 마시기에 적절한 환경, 몰랐던 것을 알고 마실 수 있게 해주는 전문적인 설명, 정성을 들여 커피를 추출하는 바리스타의 모습, 그곳의 냄새와 음악소리 등 커피와 커피를 마시는 사람을 위한 요소들이 모두 포함된다. 커피를 제공하는 사람으로서 주어진 환경에서 고객이 커피를 온전히 즐길 수 있도록 하려면 어떻게 해야 할지 고민해야겠다.

CHAPTER 4

브루잉 평가와
추출 설계

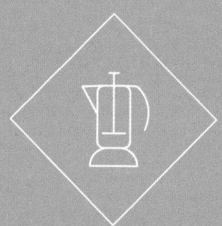

커피를 내렸다면 센서리를 바탕으로 추출결과를 평가하고 피드백할 줄 알아야 한다. 이 과정을 반복하다 보면 내가 원하는 커피 추출에 조금씩 가까워진다. 커피를 맛보고 피드백을 통해 추출을 보완하는 과정을 알아보자. 강한 쓴맛, 연한 농도 등 많은 사람이 경험할 수 있는 대표적인 추출 문제 몇 가지를 예로 들어 자세히 정리해 보았다.

---

01 브루잉 추출 과정
① 원두 선택
② 도구 선택
③ 필터 선택
④ 원두 분쇄
⑤ 물 끓이기
⑥ 커피 추출

02 브루잉 기호 파악
① 산미
② 단맛과 질감
③ 커피의 농도(TDS와 수율)
④ 플레이버

03 브루잉 추출변수
① 브루잉 추출변수의 이해
② 추출변수 디자인

01 추출변수 디자인 과정

추출변수 디자인은 다음과 같은 과정으로 진행한다.

① 기준추출로 커피를 추출한다.
② 커피 맛의 특징을 파악한다.
③ 문제가 되는 특징이 있다면 과소추출인지 과다추출인지 판단한다.
④ 추출의 균형을 잡기 위해 추출방향을 확인한다.
⑤ 의도한 추출방향으로 갈 수 있도록 추출변수를 조절한다.
⑥ 변경된 디자인으로 커피를 추출한다.

추출변수를 디자인할 때 자주 마주하게 되는 문제점은 다음과 같다.

① 강한 신맛
② 약한 농도
③ 강한 쓴맛
④ 짧은 여운과 약한 단맛
⑤ 약한 플레이버

그리고 우리가 조절할 수 있는 대표적인 추출변수는 다음과 같다.

① 물 온도
② 분쇄도
③ 원두양
④ 추출량
⑤ 추출시간

이 밖에도 많은 변수가 존재하지만 앞의 다섯 가지 변수를 숙지한다면 어떤 추출도구를 사용하더라도 원활한 추출이 가능하다. 이어지는 내용에서는 다섯 가지 변수를 이용한 추출 디자인 예제를 확인해 보자.

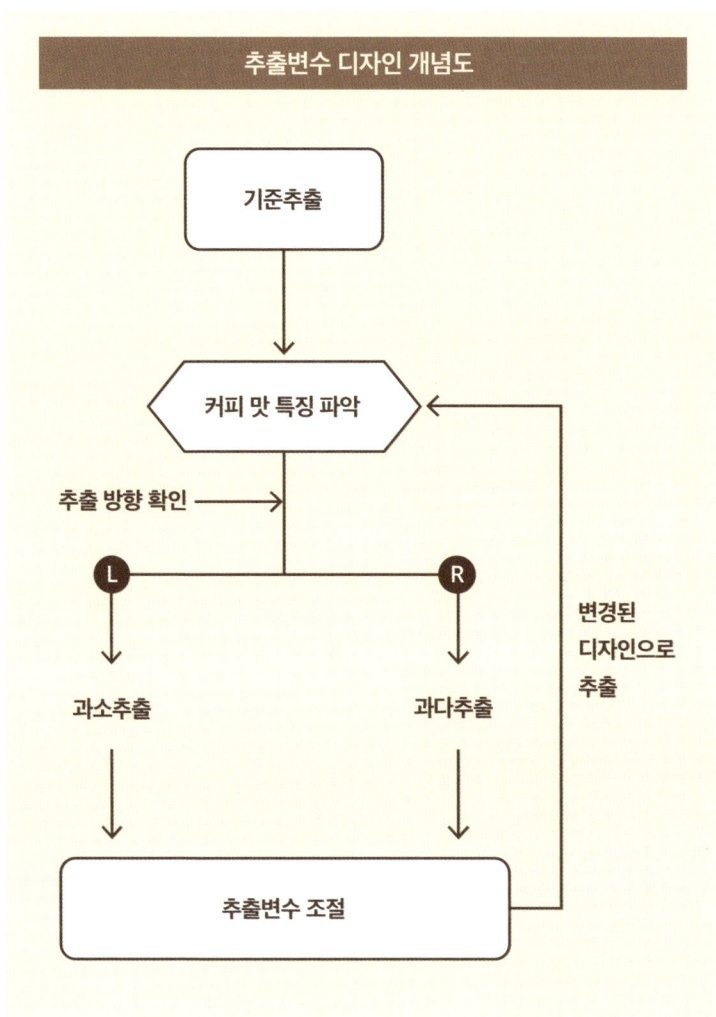

02 추출변수 디자인 예제

강한 신맛

신맛이 강한 커피는 두 가지 경우로 살펴볼 수 있다. 먼저 원두 자체의 신맛이 강한 경우, 그리고 과소추출이 일어났을 때다. 이 중 과소추출의 뉘앙스로 신맛이 날 확률이 높다. 그렇다면 44p의 이분법적 추출 가이드에서 좌측으로 치우친 결과물을 얻은 것이라 볼 수 있다. 따라서 추출 좌표를 우측으로 옮겨야 한다. 그러기 위해서는 신맛을 중화시킬 수 있는 커피의 다른 맛을 더 많이 추출해야 한다.

아래 표는 더 많은 성분을 추출하기 위한 항목별 조절사항이다. 변수를 조절할 때에는 되도록이면 한 가지 항목만 건드리는 것이 좋다. 조절하는 변수의 종류에 따라 각기 다른 느낌의 결과를 얻게 되기 때문이다. 따라서 항목별로 맛의 뉘앙스가 어떻게 달라지는지 잘 파악하고 외워두는 것이 좋다. 어떤 변수를 조절하는 게 더 좋았는지 알아두면 다른 원두를 추출할 때도 도움이 된다. 반면, 신맛을 더 부각시키고 싶을 땐 정반대로 변수를 조절하면 된다.

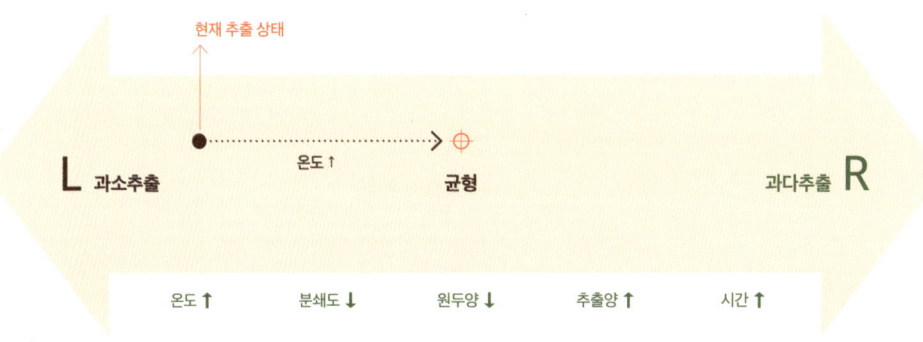

강한 신맛 문제의 진단과 해결

추출목표	신맛 강도 줄이기	신맛 강도 높이기
추출상태	다른 맛이 부족해 신맛이 부각된 과소추출(L)	다른 맛에 신맛이 가려진 과다추출(R)
추출방향	과소추출(L)→과다추출(R)	과다추출(R)→과소추출(L)
물 온도	높여준다	낮춰준다
분쇄도	얇게	굵게
원두양	줄인다	늘린다
추출량	늘린다	줄인다
추출시간	늘린다	줄인다

- 한 번에 한 가지 변수만 조절하기
- 변수를 조절하며 각 항목이 주는 뉘앙스 차이 느껴보기

연한 농도

농도가 약한 건 과소추출이어서일 수도, 과다추출이어서일 수도 있으므로 잘 판단해야 한다. 앞서 말했듯 여운이 짧으면 과소추출, 길면 과다추출이다. 과소추출에서 농도가 연한 이유는 대개 원활하지 않은 추출 때문이다. 추출해야 하는 맛의 성분을 온전히 뽑아내지 못한 경우이기 때문에 여운이 짧고 신맛이 돋보일 수 있다. 과다추출에서 농도가 연한 이유는 사용한 원두의 적정 추출량보다 많이 추출했기 때문이다. 두 경우를 적정추출로 가져가기 위해 무엇을 어떻게 조절해야 할지 표를 통해 살펴보자.

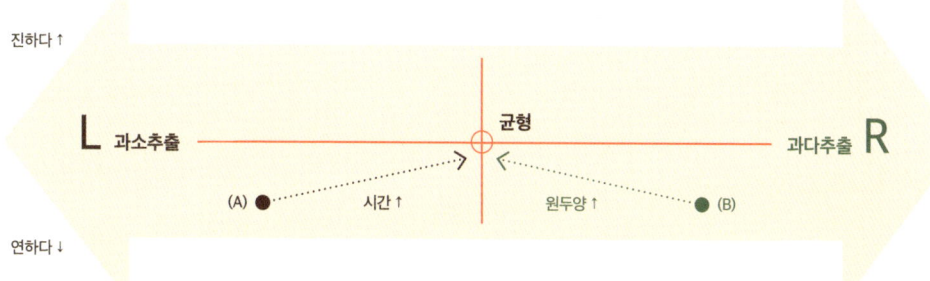

연한 농도 문제의 진단 및 해결을 위한 변수 조절

추출목표	농도 진하게 하기	
추출상태	농도가 연한 과소추출(L)	농도가 연한 과다추출(R)
추출방향	과소추출(L)→과다추출(R)	과다추출(R)→과소추출(L)
특징	농도가 연하다 - 신맛이 튄다 - 여운이 짧다	농도가 연하다 - 쓴맛이 튄다 - 여운이 짧지 않다
원인	전반적으로 추출된 성분이 적음 - 온도가 낮다 - 추출시간이 짧다 - 분쇄도가 굵다 - 원두 사용량이 많다	적절한 커피 추출량보다 많이 추출함 - 추출량이 많다 - 원두 사용량이 적다
물 온도	높여준다	-
분쇄도	가늘게	-
원두 양	줄인다	늘린다
추출량	늘린다	줄인다
추출시간	늘린다	-

- 한 번에 한 가지 변수만 조절하기
- 변수를 조절하며 각 항목이 주는 뉘앙스 차이 느껴보기

강한 쓴맛

쓴맛이 강하면 과다추출일 가능성이 높다. 하지만 과소추출인데도 쓴맛이 강할 때가 있다. 볶음 정도가 강할수록 특히 그렇다. 쓴맛도 신맛처럼 강한 특징이라 추출이 온전치 못하면 충분히 중화되지 않을 수 있다. 또한, 쓴맛은 혀에 오래 남기 때문에 과소추출과 과다추출을 여운으로 진단하기가 어렵다. 극단적인 변수 조절에도 개선되지 않는다면 정반대의 방향으로 추출 균형을 잡아볼 필요가 있다.

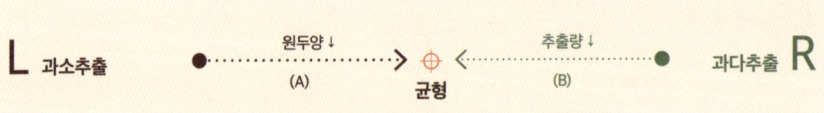

강한 쓴맛 문제의 진단 및 해결을 위한 변수 조절

추출목표	쓴맛 줄이기	
추출상태	쓴맛이 강한 과소추출(L)	쓴맛이 강한 과다추출(R)
추출방향	과소추출(L)→과다추출(R)	과다추출(R)→과소추출(L)
물 온도	높여준다	낮춰준다
분쇄도	얇게	굵게
원두 양	줄인다	늘린다
추출량	늘린다	줄인다
추출시간	늘린다	줄인다

- 원두 양을 과도하게 늘리면 신맛의 강도가 높아질 수 있으니 주의하도록 하자.
- 한 번에 한 가지 변수만 조절하기
- 변수를 조절하며 각 항목이 주는 뉘앙스 차이 느껴보기

짧은 여운과 약한 단맛

여운이 짧고 단맛이 부족한 것은 원활한 추출이 이뤄지지 않아 과소추출됐기 때문일 가능성이 높다.

추출목표	단맛 늘리기
추출상태	과소추출(L)
추출방향	과소추출(L)→과다추출(R)
물 온도	높여준다
분쇄도	얇게
원두 양	줄인다
추출량	늘린다
추출시간	늘린다

- 한 번에 한 가지 변수만 조정하기
- 변수를 조정하며 각 항목이 주는 뉘앙스 차이 느껴 보기

약한 플레이버

플레이버가 약한 경우는 과소추출일 수도, 과다추출일 수도 있다. 과소추출이면서 플레이버가 약하다면 농도는 연하고 여운이 짧다. 보통 추출시간이 짧았을 확률이 높다. 반대로 과다추출이면서 플레이버가 약하다면 너무 많은 맛을 추출하여 오히려 원두가 가진 특징적인 맛이 중화된 것이다. 이 경우 커피 맛이 무겁고 클린컵은 떨어지며, 여운은 길지만 부정적인 맛이 난다. 강한 신맛을 줄이기 위해 다른 맛 성분을 많이 추출해야 하는 경우와 반대라고 보면 된다.

추출목표	플레이버 강도 높이기	
추출상태	과소추출(L)	과다추출(R)
특징	농도가 연하다 신맛이 튄다 여운이 짧다	커피 맛이 무겁다 클린컵이 떨어진다 여운이 길지만 부정적인 맛이 난다
원인	전반적으로 추출된 성분이 적음 - 온도가 낮다 - 추출시간이 짧다 - 분쇄도가 굵다 - 원두양이 많다	많은 성분의 추출로 개성 있는 플레이버가 중화됨 - 온도가 높다 - 분쇄도가 얇다 - 추출시간이 길다
물 온도	높여준다	낮춰준다
분쇄도	얇게	굵게
원두 양	줄인다	-
추출량	늘린다	-
추출시간	늘린다	줄인다

- 한 번에 한 가지 변수만 조정하기
- 변수를 조정하며 각 항목이 주는 뉘앙스 차이 느껴 보기

지금까지 다섯 가지 예제를 살펴보았다. 물론 이외에도 더 많은 예가 있을 것이다. 하지만 나의 경험을 바탕으로 가장 흔히 일어날 수 있는 문제점들을 다뤘다. 과소/과다 추출의 파악과 추출 디자인에 대한 솔루션도 제시해 보았다. 이분법적인 사고를 통해 판단한다면 조금 더 쉽게 커피 맛의 균형을 잡을 수 있다. 여기서 다룬 추출변수는 비단 브루잉에만 적용되는 것이 아니다. 에스프레소는 물론 모든 커피 추출에 있어 가장 기본적인 원리이므로 잘 숙지한다면 모든 추출에 적용 가능할 것이다.

03 브루잉 컨트롤 가이드

항목	강하다	적당하다	약하다
신맛	낮은 온도 굵은 입자 과다한 원두양 과소추출	Nice!	높은 온도 부족한 원두양 과다추출
쓴맛	높은 온도 가는 입자 과다한 원두양 과다추출	Great!	
떫은맛	높은 온도 긴 추출시간 과다한 원두양 과다추출	Excellent!	
향미		Cool!	낮은 온도 굵은 입자 과다한 원두양 과소추출

04 비정상적인 추출의 경우의 수

다음 표는 추출에서 나올 수 있는 비정상적인 추출의 모든 경우의 수를 정리한 것이다. 이에 따르면비정상적인 추출에는 총 네 가지 경우가 있으며, 이에 따른 추출변수의 조정 방향은 명확하다. 농도와 수율의 콤비네이션 표를 보고 적용하는 방법은 다음과 같다.

① 수율을 확인한다. 관능 평가를 통해 과다추출인지 과소추출인지 확인한다. 정상적인 추출이라면 더이상 변수를 조절할 필요가 없다.
② 온도, 분쇄도, 원두양, 추출량, 추출시간별 수율에 대한 각각의 올바른 조절 방향을 파악한다.
③ 온도, 분쇄도, 원두양, 추출량, 추출시간을 개별적으로 조절했을 때 적절한 농도의 커피를 추출할 수 있는지 각각 판단한다.
④ 한번의 추출에 하나의 변수를 조절하여 추출을 새롭게 실행한다.

> 예시   고농도·고수율(과다추출)인 경우

① 수율에 대한 각각의 올바른 조절 방향 파악

온도를 낮추거나, 분쇄도를 굵게 하거나, 원두양을 늘리거나, 추출량을 줄이거나, 추출시간을 줄인다.

② 변수를 개별적으로 조절했을 때 적절한 농도의 커피를 추출할 수 있는지 파악

온도 낮추를 낮춰야 하는데, 온도를 낮추면 농도가 연해지므로 적용 가능한 변수다.

원두양은 늘려야 하는데, 원두양을 늘리면 농도가 더 진해지므로 적용 불가한 변수다.

농도	높다	높다	낮다	낮다
수율	높다	낮다	높다	낮다
온도	높다	X	X	낮다
분쇄도	얇다	X	X	굵다
원두양	X	많다	적다	X
추출량	X	적다	많다	X
추출시간	길다	X	X	짧다
특징	진하고 쓰다 (떫다)	진하고 시며 애프터가 짧다	연하고 쓰다 (떫다)	연하고 시며 애프터가 짧다

- 수율이 높다 = 과다추출 / 수율이 낮다 = 과소추출

CHAPTER 5

브루잉 도구와 선택

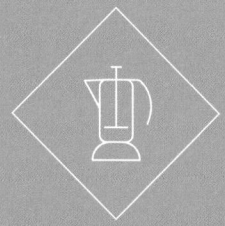

처음 브루잉을 시작하면 어떤 기구를 구비해야 할지 확신이 서지 않는다. 그렇다고 무작정 고가의 장비를 들일 수도 없는 노릇. 이번에는 정말 최소한의 도구부터 카페에서 갖춰야 할 장비까지 다양한 도구를 용도에 맞게 분류해 소개한다. 커피를 얼마나 꾸준히, 어느 정도 수준으로 즐길지 모르니 최소한의 장비로 시작해 점진적으로 종류를 늘려갈 것을 추천한다. 스스로의 도구 선택 기준이 모호하다면 이번 챕터에서 제시하는 내용을 잘 확인하길 바란다.

01 침지식 도구
 ① 미스터클레버
 ② 프렌치프레스

02 투과식 도구
 ① 드리퍼(종류 불문)

03 기타 도구
 ① 서버
 ② 온도계
 ③ 종이필터
 ④ 저울
 ⑤ 드립포트
 ⑥ 원두 보관 용기
 ⑦ 계량스푼
 ⑧ 그라인더

처음 브루잉을 연습하던 때, 방 한켠에 바를 구상하며 어떤 기구를 구매할지 고민했던 기억이 있다. 기구를 구매할 때 가장 고민되는 부분은 아마 비용일 것이다. 수많은 기구를 전부 사는 것은 현실적으로 쉽지 않으니 그중에서 내게 필요한 게 무엇인지 알아야 한다. 내가 추출하려는 커피에 적합한 장비가 무엇인지, 같은 비용이라면 더 효율적인 제품은 무엇인지 등을 따져봐야 한다. 나라고 해서 모든 장비를 사용해본 것은 아니지만, 나름대로 많은 고민과 테스트를 거쳐 현재 사용하는 도구를 택했다. 그 경험을 바탕으로 다양한 추출기구에 관해 소개하고자 한다. 어떤 기준으로 추출기구를 선택하면 좋을지와 해당 기구를 사용할 때 필요한 도구들을 다음 세 가지 카테고리로 나누었다.

베이직 툴 구비해놓지 않으면 브루잉을 할 수 없는, 또는 이것만큼은 꼭 갖추길 바라는 도구

※ 참고로 침지식, 투과식 중 어떤 타입의 추출을 할 것인지, 같은 타입에서도 어떤 도구를 선택하는지에 따라 필수 도구가 달라진다. 브루잉 입문자라면 여러 종류의 도구를 구비하기 보다는 한 가지를 택해 이를 집중적으로 심도 깊게 사용해보길 바란다.

어드밴스 툴 입문에서 한 단계 나아가 좀 더 디테일한 추출을 위해 갖춰두면 좋을 도구

마스터 툴 실전을 위해 연습하거나 커피전문점을 준비한다면 필수적으로 갖춰야 할 도구

01 침지식 도구

침지식은 최소한의 도구로 추출이 가능하며 일정한 맛을 내기에 좋다. 추출방법이 비교적 간단하고 핸들링이나 외부 요인 등으로부터 안정적이다. 고정적인 추출루틴을 설정해두면 저울과 온도계 없이도 어느 정도 일정한 추출이 가능하다. 드립포트의 경우 침지식 추출의 필수 도구는 아니지만 이를 활용하면 추출변수를 편리하게 확인하거나 조절할 수 있다. 예를 들어보자. 온도계를 전기포트에 바로 꽂으면 측정침이 물에 잠기는 깊이에 따라 측정 결과가 달라진다. 보다 정확하게 온도를 측정하려면 드립포트에 일정량의 물을 옮겨 담은 뒤 측정침을 동일한 깊이로 넣으면 된다. 이 밖에도 드립포트는 추출기구에 물을 일정한 속도로 채우는 데 용이하다. 만약 물을 푸어하는 데 전기포트를 사용한다면 용이한 핸들링을 위해 최대한 적은 용량의 제품을 선택하길 바란다.

미스터클레버 대만에서 발명한 추출기구로 쉽고 일정한 커피 추출이 가능하다. 높은 효율과 추출 퀄리티 덕분에 홈카페뿐만 아니라 커피전문점, 각종 바리스타 대회에서도 사용된다. 한 잔 추출은 1~2인용 제품을, 두 잔은 3~4인용 제품을 사용하면 된다.

클레버 전용 종이필터는 → **베이직 툴**   미스터클레버, 클레버 전용 종이필터, 전기포트, 티스푼(계량용) 혹은 계량스푼, 머그컵
칼리타 필터로 대체 가
능하다. 1~2인용은 칼리
타 102필터, 3~4인용은   **어드밴스 툴**   미스터클레버, 클레버 전용 종이필터, 전기포트, 티스푼(교반용), 온도계, 전자저울, 드립포트, 서버
칼리타 103필터를 사용
하면 된다.   **마스터 툴**   미스터클레버, 클레버 전용 종이필터, 전기포트, 티스푼(교반용), 온도계, 전자저울, 드립포트, 서버, 그라인더

선택 기준
주로 추출하는 커피의 용량에 맞는 제품을 쓰는 것이 좋지만 활용도 면에서 3~4인용을 추천한다.

관리 방법
사용 직후 흐르는 물에 잘 헹궈주거나 솔을 사용해 중성세제로 닦아준다. 배수 부위를 막아주는 고무 마개는 분리가 가능하니 많이 사용했거나 다음 사용까지의 기간이 길다면 분리해서 세척한 뒤 건조하는 것이 위생상 좋다.

프렌치프레스

가장 간단하게 브루잉을 할 수 있는 도구 중 하나다. 같은 추출비율과 시간, 물 온도만 유지하면 맛의 편차가 적은 커피를 추출할 수 있다.

베이직 툴   프렌치프레스, 전기포트, 티스푼(계량용) 혹은 계량스푼
어드밴스 툴   프렌치프레스, 전기포트, 티스푼(교반용), 온도계, 저울, 드립포트
마스터 툴   프렌치프레스, 전기포트, 티스푼(교반용), 온도계, 저울, 드립포트, 그라인더

추천 제품

· 멜리타 MJF-1701 프렌치프레스 스탠다드형

· 하리오 뉴카페 슬림 프레스

· 비알레띠 스마트 프렌치프레스 350㎖

· 비알레띠 오미노 프렌치프레스 350㎖/600㎖

선택 기준

어떤 제품을 사용해도 기능상 큰 차이가 없다. 가장 자주 추출할 커피의 용량을 정한 뒤 적절한 사이즈를 골라 구매한다. 프렌치프레스는 추출 시 용량에 크게 구애를 받지 않으니 추출하는 용량의 범위가 넓다면 넉넉한 용량의 제품을 추천한다. 참고로 유리로 된 플라스크가 거치대에서 분리되는 제품이 세척이 편리하다.

관리 방법

프렌치프레스는 세척 시 커피찌꺼기의 처리가 번거롭다. 작은 채를 이용해 커피가루를 걸러내야 배수구가 막히지 않는다. 망으로 된 필터는 흐르는 물로 헹구거나 솔을 이용해 중성세제로 닦아준다. 유리 플라스크 역시 사용 직후 흐르는 물에 씻어주고, 다음 사용까지 기간이 길다면 중성세제로 세척한 뒤 건조한다.

02 투과식 도구

투과식은 침출식에 비해 핸들링의 영향을 많이 받는다. 드립포트의 유무에 따라 컨트롤 할 수 있는 맛의 스펙트럼 차이가 크다. 이 책에서 다룰 드리퍼는 멜리타 1x1, 칼리타 101D, 하리오 V60, 칼리타 웨이브 세 가지다.

드리퍼
(종류 불문)

베이직 툴	툴 드리퍼, 서버, 종이필터, 전기포트
어드밴스 툴	드리퍼, 서버, 종이필터, 전기포트, 온도계, 저울, 드립포트
마스터 툴	드리퍼, 서버, 종이필터, 전기포트, 온도계, 저울, 드립포트, 그라인더, 티스푼(교반용)

선택 기준

플라스틱 드리퍼는 가격이 저렴하고 내구성이 좋다. 또한, 리브가 정밀하고 선명하게 제작되어 있어 드리퍼의 특성에 맞춰 정확한 추출이 가능하다. 보온 효과를 위해 동 혹은 세라믹 재질의 드리퍼를 선택하기도 한다. 하지만 플라스틱 드리퍼와 유의미한 차이를 확인하긴 어렵다. 투과식은 추출변수 혹은 핸들링으로 충분히 컨트롤이 가능해 더욱 그렇다. 합리적인 비용으로 효과적인 사용을 위해 플라스틱 드리퍼를 추천한다.

관리 방법

사용 직후 흐르는 물에 헹구거나 중성세제와 작은 솔을 이용해 리브 사이에 껴 있는 불순물을 닦아준다. 1년 이상 꾸준히 사용한 드리퍼는 착색되기 마련이다. 이 경우 베이킹소다를 푼 뜨거운 물에 10분 이상 담가뒀다가 솔로 문지르면 깨끗해진다.

03 기타 도구

서버

추천 제품

· 칼리타 드립서버 300cc

· 하리오 블랙 렌지 서버 360㎖

· 하리오 뉴 서버 450㎖

선택 기준

손잡이가 유리로 된 제품은 보기엔 좋으나 깨지기 쉽다. 내구성을 생각한다면 손잡이가 플라스틱으로 된 제품이 낫다. 저울 없이 추출해야 하는 경우가 발생할 수 있으니 눈금이 표시된 제품을 추천한다. 주로 추출하는 용량에 맞춰 사용한다. 따뜻한 커피를 추출할 때 서버의 크기가 너무 크면 수면이 넓어 커피가 더 빨리 식는다.

관리 방법

사용 직후 흐르는 물로 3회 이상 헹궈준다. 중성세제로 세척해도 좋지만 세척 후 바로 사용한다면 세제 향이 남아 있을 수 있어 각별히 신경 써서 헹궈야 한다. 하루 1회 이상 서버를 사용한다면 흐르는 물로 헹궈준 뒤 차가운 물을 절반 이상 채워 보관해도 좋다. 중성세제의 잔향과 자칫 남아 있을 수 있는 커피 성분이 날아간다.

온도계

추천 제품

· 아쿠바 방수 온도계 CS-101

　(생활방수 ○, 반응 빠름, 내구성 좋음)

· 드레텍 디지털온도계 O-219

　(생활방수 ×, 반응 느림, 내구성 좋음)

선택 기준

방수가 되는 제품으로 선택하면 좋다. 제품마다 온도 변화에 대한 민감도가 다르다. 개인적으로 온도 변화에 즉각적으로 반응하는 제품을 선호한다.

관리 방법

커피가 묻으면 온도계의 측정부는 흐르는 물로, 조작부는 물수건으로 가볍게 닦아준다. 생활방수가 되지 않는 제품이라면 디지털 조작부 쪽은 물이 닿지 않게 조심해야 한다.

종이필터

드리퍼 전용 필터

드리퍼 제조사마다 전용 종이필터를 함께 판매하므로 사용하는 드리퍼의 전용 필터를 사용하는 것이 가장 좋다. 사이즈나 모양이 비슷한 드리퍼의 경우 종이필터를 조금 더 접어 호환되게 할 수 있다. 예를 들어 칼리타 101D의 필터는 넓은 면이 멜리타 1×1보다 약간 길다. 좁은 부분은 기존대로 접고 넓은 부분은 5mm가량 더 접어주면 사이즈가 딱 맞아 떨어진다.

    종이필터는 커피의 지용성 성분을 대부분 걸러주기 때문에 이를 이용하면 깔끔한 커피를 즐길 수 있다. 하지만 지용성 향기성분과 커피 오일에서 느낄 수 있는 실키함은 줄어든다. 종이필터에는 백색과 황색 두 가지가 있다. 백색 필터의 경우 산소표백한 제품으로 건강에 해롭지 않다. 다만 필터의 색상에 따라 추출속도가 달라진다. 보통 백색 필터의 추출속도가 황색 필터보다 더 느린데, 모두 그런 건 또 아니다. 제조사가 같아도 필터의 두께가 다른 제품이 있고, 멜리타사의 아로마 필터처럼 일정한 간격과 크기로 구멍이 뚫린 제품도 있으니 참고하자.

선택 기준

사용하는 드리퍼의 전용 필터를 구매한다. 색상, 두께 등 다양한 종류의 추출속도를 비교해 알맞은 것으로 선택한다.

관리 방법

상온에 보관할 땐 직사광선이 들지 않는 서늘한 곳에 두는 게 좋다. 사용 빈도가 적다면 먼지가 앉을 수 있으니 지퍼백 등에 밀폐하여 보관한다.

저울

추천 제품(판매가 오름차순)

· 카스 RE-900

· 하리오 VST-2000B-KEX

· 펠리시타 패러렐

· 브뤼스타X

· 아카이아 펄

· 히로이아 지미 스케일

선택 기준

저울의 가격대는 천차만별이다. 고가일수록 측정 반응속도가 빠르며 안정감 있고, 내구성도 좋다. 하지만 저울은 결국 소모품이므로 조심스럽게 사용해야 오래 쓸 수 있다. 그럴 자신이 없다면 저가 제품을 구매해 자주 교체하는 것이 합리적이다.

관리 방법

저울이 빨리 고장나는 이유는 저울에 물이 들어가거나 뜨거운 커피가 담긴 용기를 패드 없이 바로 올려놔서다. 상단부만 방수가 되고 하단부는 아닌 제품이 대부분이니 물 묻은 상태에서 저울을 뒤집는 것은 삼가야 한다.

드립포트

추천 제품

① 일반 드립포트

· 다카히로 드립포트 900㎖

· 하리오 부오노 드립포트 1ℓ

· 칼리타 호소구치 드립포트 0.7ℓ

② 일반 전기 드립포트

· 하리오 부오노 전기 드립포트 800㎖

③ 온도조절 전기 드립포트

· 펠로우 스태그 EKG 전기 드립포트 600㎖

· 브뤼스타 아티산 구스넥 케틀 600㎖

④ 점드립용 드립포트

· 유키와 드립포트 디럭스 750㎖

일반 드립포트

일반 전기 드립포트

온도조절 전기 드립포트

점드립용 드립포트

선택 기준

① 사이즈

드립포트의 사이즈는 추출량을 고려해 결정한다. 추출해야 하는 커피 양보다 적은 용량의 포트를 사용하면 물이 떨어질 때마다 다시 채워가며 사용해야 하고, 이 과정 중 추출온도가 불규칙하게 변한다. 그렇다고 과도하게 큰 사이즈의 포트를 사용하면 물의 온도 유지와 용량 면에서는 유리할지는 몰라도 손목에 무리를 준다. 커피 1잔(200㎖)을 주로 추출하는 집에선 500㎖ 내외의 드립포트를, 한 번에 2~3잔(600㎖)을 내린다면 0.9~1.0ℓ의 제품을, 대용량으로 추출하거나 여러 잔을 한 번에 내리려면 1.2ℓ 이상의 포트를 사용하는 게 수월할 것이다.

② 형태와 용도

커피포트의 관은 물을 붓는 도중에 물줄기가 끊기지 않게 하기 위해 몸체의 맨 아랫부분에서 시작하는데, 형태나 모양이 다양하다. 보통 관의 시작점부터 끝까지 굵기가 얇고 일정할수록 물줄기를 핸들링하기가 쉽다. 또한, 포트의 관이 몸체와 멀수록 물 붓는 양의 조절이 수월하다. 포트를 기울이는 정도에 따라 물의 양이 즉각적으로 달라지기 때문이다. 따라서 정드립, 점드립 등 추출 방법별로 적합한 드립포트가 있다. 물론 하나의 제품을 혼용할 수 있지만 특성을 고려해 좀 더 알맞은 포트를 사용하면 핸들링이 수월해진다.

정드립은 동적인 핸들링을 필요로 한다. 부리의 지름이 좁고 끝이 몸통과 먼 포트를 이용하면 좀 더 안정적인 물줄기 컨트롤이 가능하다. 정드립은 물을 한 번에 붓는 푸어오버와 물줄기를 컨트롤하며 붓는 방식으로 나뉘는데, 관이 좁을수록 얇은 물줄기를 내기가 수월해 초심자에게 적합하다. 그러나 빠른 추출을 위해 굵은 물줄기가 필요하다면 관이 두꺼운 게 좋다. 정리하자면, 가장 많이 사용하는 정드립 추출에서는 관이 몸체에서 멀고 시작점과 끝점의 굵기가 일정한 것을 사용하면 된다. 또한 관의 굵기는 물줄기 컨트롤의 스펙트럼과 비례한다.

점드립은 관이 몸체에서 가깝고, 시작점이 끝점보다 굵은 포트를 주로 사용한다. 수구가 더 아래를 향하도록 튜닝하기도 한다. 기울기에 대한 민감도를 낮추어 물줄기가 쉽게 배출되지 않도록 해야 물을 한 방울 한 방울 떨어뜨리기가 수월해지기 때문이다.

만약 점드립을 한다면 유키와 드립포트를, 물줄기 핸들링의 스펙트럼이 넓은 드립이라면 다카히로 포트를 추천한다. 편의성과 물줄기 안정성을 원한다면 전기포트와 드립포트의 일체형인 펠로우, 브뤼스타 제품이 좋다.

원두 보관 용기

추천 제품

· 프리파라 밀폐용기
· 펠로우 원두 밀폐 보관통
· 칼리타 올 클리어 보틀

선택 기준

① 3주 이내 보관할 때

원두를 금방 소진한다면 밀폐되지 않는 통이 좋다. 이에 관해서는 실제로 실험을 진행한 적 있다. 로스팅 직후의 원두를 각종 용기에 넣어 일주일간 서늘한 곳에 두었다가 커핑을 통해 블라인드 테스트한 결과, 공기 중에 노출시켜 보관한 원두가 가장 좋은 평가를 받았다.

② 3주 이상 보관할 때

소진 속도가 느려 원두의 산패를 최대한 지연시키길 원한다면 완전히 밀폐된 용기를 사용하는 것이 좋다. 아로마밸브가 달린 제품이라면 더 좋지만, 밀폐가 확실히 된다면 아로마밸브의 유무는 그리 중요하지 않다.

③ 한 달 이상 보관할 때

원두가 너무 더운 날씨에 노출되거나 한 달 이상 장기간 보관해야 할 경우에는 지퍼백 혹은 밀폐용기에 담아 냉동보관할 것을 추천한다. 그러나 분쇄 후라면 이야기가 달라진다. 분쇄원두는 냉동했다가 상온에 꺼내면 습기를 빠르게 흡수하므로 상온에 보관하는 게 낫다. 물론 원두가 가장 맛있을 기간 내에 모두 소진하는 것이 좋다.

관리 방법

새로운 원두를 넣기 전 향이 강하지 않은 중성세제로 커피 오일을 말끔히 세척한 뒤 완벽하게 건조해 사용한다.

계량스푼

선택 기준

어떤 형태의 계량스푼을 사용해도 괜찮다. 스테인리스 혹은 동으로 만들어진 제품의 내구성이 좋으니 참고하자. 저울을 사용할 수 없는 경우 계량스푼으로 중량을 파악하기도 한다. 이를 위해 한 스푼 가득 원두를 담았을 때 몇 그램인지 파악해두는 것이 좋다. 한편 스크린사이즈가 작은 원두는 같은 스푼으로 측정해도 상대적으로 중량이 더 나온다는 점을 염두하자.

관리 방법

스푼을 사용하다 보면 커피 오일이나 미분이 묻는다. 너무 자주 세척할 필요는 없지만 한 번씩 중성세제로 세척한다.

브루잉을 위해 어떤 도구를 구매할지 고민하고 결정하는 과정은 또 하나의 즐거움이다. 신중히 도구를 골랐다면 최대한 심도깊게 사용해보길 바란다. 지금 사용하는 장비의 역량을 최대로 발휘할 수 있어야 더 좋은 제품으로 업그레이드하는 게 의미 있다.

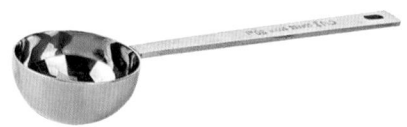

그라인더

투과식 추출에서는 그라인더가 가장 중요한 역할을 한다고 해도 과언이 아니므로 모든 기구 중 가장 큰 투자가 필요하다. 애매한 가격대의 전동 그라인더는 분쇄 결과가 좋지 않다. 수고스럽지만 핸드밀을 사용하는 것이 나을 수 있다. 그라인더를 구매하기로 결심했다면 다른 기구에서 비용을 아껴서라도 더 좋은 그라인더를 사는 것을 추천한다. 좋은 그라인더를 사용하는 이유는 일정한 분쇄 결과물을 얻기 위함이고, 많은 양의 원두를 신속하게 분쇄할 수 있기 때문이다.

추천 제품

① **활용도에 따라서**

　가. **입문용**

　　· **핸드밀**: 칼리타 KH-3

　　· **전동 그라인더**: 바라짜 엔코, 어바닉060(스테인리스 날), 페이마 601N 프로

　나. **매장용**

　　· **핸드밀**: 코만단테

　　· **전동 그라인더**: 디팅 800 시리즈, 말코닉 EK43(s), 메져 ZM, 후지로얄 R-440, 후지로얄 R-300, 바라짜 엔코

② **로스팅 포인트에 따라서**

　가. **라이트-스트롱 로스팅 포인트**

　　· **핸드밀**: 코만단테

　　· **전동 그라인더**: 바라짜 엔코, 디팅 800 시리즈, 말코닉 EK43(s), 메져 ZM

> 라이트 로스팅 원두를 분쇄할 수 있는 제품이라면 다크 로스팅 원두는 더 쉽게 분쇄한다.

나. 미디엄-스트롱 로스팅 포인트

· **핸드밀**: 칼리타KH-3, 코만단테

· **전동 그라인더**: 바라짜 엔코, 어바닉060(스테인리스 날), 페이마 601N 프로, 디팅 800 시리즈, 말코닉 EK43(s), 메져 ZM, 후지로얄 R-440, 후지로얄 R-300

칼리타 KH-3   코만단테   바라짜 엔코   말코닉 EK43

③ 추출 특성에 따라서

가. 넓은 향미 스펙트럼 & 좋은 밸런스(플랫 버)

· **핸드밀**: 칼리타 KH-3

· **전동 그라인더**: 어바닉060(스테인리스 날), 페이마 601N 프로, 디팅 800 시리즈, 말코닉 EK43(s), 메져 ZM, 후지로얄 R-440, 후지로얄 R-300

나. 집약적 향미 스펙트럼으로 원두의 개성 강조(코니컬 버)

· **핸드밀**: 코만단테

· **전동 그라인더**: 바라짜 엔코

선택 기준

브루잉 결과물에 부정적인 영향을 주는 미분은 추출속도를 늦추고 커피의 농도를 일정치 못하게 한다. 때문에 내가 가진 예산 안에서 가장 합리적인 그라인더를 선택해야 한다. 경험한 바에 따르면 원두의 로스팅 포인트가 낮을수록 고가의 그라인더를 요한다. 낮은 로스팅 포인트의 원두는 더 단단하고, 강하게 볶은 커피보다 많은 양의 체프가 남아있기 때문이다. 따라서 볶음 정도가 약한 커피는 많은 양을 분쇄하면 그라인더의 모터에 무리가 갈 수 있으며, 일정한 모양으로 분쇄하기도 어렵다. 결론적으로 그라인더를 선택하는 가장 좋은 방법은 추출할 커피의 로스팅 포인트에 맞추는 것이다. 만약 비용이 부담된다면 반대로 그라인더를 먼저 정한 뒤 그에 맞는 원두를 선택해도 된다.

위에서 언급한 그라인더들은 가격대는 다양하지만 모두 훌륭한 결과물을 내는 제품들이다. 추천 리스트 안에서 예산에 맞는 그라인더를 고르는 게 최선이라고 생각한다.

TIP 미분이 적게 나오는 원두 순서

CHAPTER 6

기준추출
따라하기

기준추출은 말 그대로 '기준'이 되는 추출로, 절대적인 추출 레시피가 아니다. 처음 받아본 원두를 추출할 때 적용한다. 이번 챕터에서는 침지식과 투과식 각각의 기준추출을 제시한다. 브루잉을 시작한 지 얼마 되지 않았거나 첫 추출이 막막하다면 따라해 보자. 추출 후 센서리를 통한 피드백은 필수다.

---

01 추출변수 디자인 과정

   ① 미스터클레버

   ② 프렌치프레스

02 투과식 기준추출

   ① 하리오 V60

   ② 칼리타 웨이브

   ③ 칼리타 101D

   ④ 멜리타 1×1

하나의 추출도구로 여러 원두를 내리다보면 추출의 평균값이 생긴다. 원두의 특성과 상태, 볶음정도에 따라 추출이 달라지지만 변수 조절은 일정 범위 안에서 이뤄지기 마련이다. 그 범위 내에서 가장 많이 적용되는 추출의 평균값을 이 책에서는 '기준추출'이라고 일컫겠다. 기준추출은 새로운 원두를 처음 추출할 때 필요하다. 골프에 비유하자면 홀 근처에 공을 최대한 가까이 떨어뜨리는 것을 목표로 하는 것이 기준추출이다. 아직 기준추출이 없는 사람이라면 이 책의 챕터 6~8을 차근차근 따라해 보자. 어느새 나만의 추출변수 기준이 정립될 것이다.

01 침지식 기준추출

침지식은 물에 커피가루를 담가 추출하는 방식으로, 쉽게 말해 커피를 물에 우려내는 추출법이다. 대표적인 침지식 브루잉 기구로는 클레버, 프렌치프레스가 있다. 필자는 브루잉 커피 중 가장 안정적인 추출은 '커핑$^{cupping\bullet}$'이라고 생각한다. 변수를 최소화한 방식으로 커피를 일정하게 추출할 수 있어서다. 그래서 침지식 브루잉을 할 때면 커핑을 참고하는 편이다. 프렌치프레스는 커핑과 거의 똑같은 추출이 가능한 도구다. 따라서 추출시간과 방법 모두 커핑과 동일하게 진행한다. 클레버는 침지식 도구이긴 하지만 마지막 단계는 투과식과 유사하다. 물이 커피와 접촉한 시간이 추출 후반보다 초반에 더 짧기 때문에 같은 조건이라면 프렌치프레스보다 추출시간을 더 길게 잡아야 같은 농도의 커피를 추출할 가능성이 높다. 참고로 클레버의 추출시간은 원두에 물을 붓기 시작한 순간부터 물이 모두 빠지는 시점까지다.

• 미국스페셜티커피협회(SCA)에서 커피 맛을 평가하기 위해 고안한 추출 프로토콜. 일관된 추출과 추출시간에 따른 맛의 변화를 확인할 수 있다.

미스터클레버

입문자도 쉽게 사용할 수 있으며 브루잉 대회에도 보일 만큼 두루두루 쓰이는 도구다. 커피를 담고 물을 한번에 부어 침지식으로 우려내고, 일정 시간이 지난 후 클레버를 서버 혹은 잔 위에 올리면 닫혀 있던 하단부가 개방되며 추출된 커피가 내려온다. 드립포트 사용 시 추출결과에 영향을 미치는 '핸들링'이라는 변수가 최소화되는 방식이다.

장점
- 추출조건이 같다면 일정한 추출이 가능하다.
- 투과식과 비교했을 때 그라인더의 영향을 적게 받는 편이다.
- 추출변수의 변화에 따른 즉각적인 반응을 확인할 수 있다(동일한 조건에서 온도 등 특정 변수에만 변화를 준다면 그로 인해 맛이 어떻게 달라지는지, 즉 해당 변수가 맛에 어떤 영향을 주는지 파악할 수 있다).

단점
- 핸들링을 통한 섬세한 추출이 어렵다.
- 휘발성인 향 성분들은 공기와 자주 접촉할수록 활성화되는데, 물 속에 잠긴 커피는 공기와의 접촉이 적으므로 투과식보다 커피 향이 밋밋하다.
- 드립포트를 이용한 핸들링이 필요하지 않아 즐거움의 요소가 줄어든다.

필수 도구
클레버, 종이필터, 티스푼, 전기포트, 계량스푼

선택적 도구
그라인더, 저울, 온도계

침지식 추출의 기준 레시피 비율(커핑 계산법 활용)

물의 양 × 0.055 = 원두 양   예시) 원두 16.5g = 물 300g × 0.055

원두 양	물 양	브루잉 비율	분쇄도	추출시간
16.5g(6.5번)	300g	1:18	8번	2분 30초 시작, 5분 종료

*분쇄도는 디팅 804랩 기준으로 숫자가 작을수록 입자가 가늘다.

> **TIP** 추출 레시피 바르게 적용하기

- 농도를 진하게 하기 위해 분쇄도는 유지한 채 원두 양만 늘리면 물이 빠지는 시간이 길어진다. 반대로 원두 양을 줄이면 물은 더 쉽게 빠지지만, 원두층이 두꺼워질수록 물이 빠지는 속도가 느려진다.
- 적정 분쇄도는 추출시간을 보며 판단한다. 추출이 빨리 끝나면 분쇄도가 굵은 것이므로 얇게 조정하고, 반대로 추출이 늦게 끝나면 분쇄도가 가는 것이니 굵게 조정한다.

추출 총 시간: 7분 / 6분 / 5분 / 4분 30초 / 3분 30초 / 3분

분쇄 굵게 ← 적정 → 분쇄 얇게

추출 방법

① 종이필터를 접어 클레버에 넣는다.

② 분쇄원두 16.5g을 필터에 담는다.

③ 92℃의 물 300g을 커피에 붓는 동시에 타이머를 2분 30초로 설정한다.

④ 커피와 물이 완전히 섞이도록 8번 저어준다(교반).

⑤ 타이머가 울리면 클레버를 컵이나 서버 위에 올려 추출을 시작한다.

⑥ 물이 완전히 빠질 때까지 기다린다.

⑦ 맛을 보고 보완이 필요하다면 추출을 다시 디자인한다.

→ 추출 디자인 가이드는 **64p** 참고

TIP 　물 온도, 시간, 분쇄도, 교반 횟수와 타이밍 등 동일한 조건을 갖춰야 재연성이 높아진다. 변수 조절이 필요하다면 한 번에 하나씩 조절하면서 해당 변수의 변화에 따른 맛의 차이를 느껴보자.

프렌치프레스와 클레버의 비교

구분	프렌치프레스	클레버
맛의 특징	부드러운 지용성의 텍스처	텍스처가 깔끔하고 밸런스가 좋음
농도 효율 (원두 양 대비 커피농도)	높다	보통
세척 용이성	불편함	편리함
단점	원두 미분감	소모성의 종이필터 사용

프렌치프레스

프렌치프레스는 추출이 가장 간편한 도구 중 하나다. 클레버와 마찬가지로 커피 파우더를 물에 우려내는 방식으로 일정한 커피 추출을 쉽게 할 수 있다. 기본적으로 철제 필터가 장착되어 있으며 티를 우리는 데 사용하기도 하지만 애초에 커피를 위한 제품으로 발명된 도구다.

장점

- 추출이 굉장히 간편하고 일정하게 추출하는게 쉽다.
- 커피의 지용성 성분이 그대로 추출되어 텍스처가 부드럽다.
- 별도의 필터가 필요없다.
- 관리에 신경쓴다면 반영구 사용이 가능하다.

단점

- 작은 입자의 커피가루가 걸러지지 않아 추출된 커피를 마실 때 이물감이 느껴진다.
- 철제 필터와 플라스크에 남은 커피찌꺼기의 처리와 세척이 번거롭다.
- 핸들링을 통한 섬세한 추출이 어렵다.
- 휘발성인 향 성분들은 공기와 자주 접촉할수록 추출되는데, 물 속에 잠긴 커피는 공기와의 접촉이 적으므로 투과식보다 커피 향이 밋밋하다.
- 드립포트를 이용한 핸들링이 특별히 필요하지 않아 즐거움의 요소가 줄어든다.

필수 도구

프렌치프레스, 전기포트, 티스푼, 계량스푼

선택적 도구

그라인더, 저울, 온도계

침지식 추출의 기준 레시피 비율(커핑 계산법 활용)

물의 양 × 0.055 = 원두 양　　　　예시) 원두 16.5g = 물 300g × 0.055

원두 양	물 양	브루잉 비율	분쇄도	추출시간
16.5g(6.5번)	300g	1:18	6.5번	4분

*분쇄도는 디팅 804랩 기준으로 숫자가 작을수록 입자가 가늘다.

추출 방법

① 분쇄원두를 프렌치프레스에 담는다.

② 93 ℃의 물 300g을 붓는 동시에 타이머를 4분으로 설정한다.

③ 커피와 물이 완전히 섞이도록 5회 교반한다.

④ 타이머가 울리면 수면에 떠 있는 불순물을 살며시 걷어낸다.

⑤ 4분 30초가 되면 프레스를 천천히 누른다.

⑥ 프레스를 끝까지 누른 뒤 커피를 잔에 따라 낸다.

⑦ 맛을 보고 보완이 필요하다면 추출을 다시 디자인한다.

→ **추출 디자인 가이드는 64p 참고**

02 투과식 기준추출

향이 강한 커피를 마시고 싶다면 투과식 브루잉 기구를 사용해보자. 우리가 흔히 '드리퍼'라고 부르는 추출 기구는 대부분 투과식이다. 필터를 접어 넣고 그 안에 커피가루를 담은 뒤 뜨거운 물을 투과해 커피를 추출한다. 커피가 물과 만나는 시간이 침지식보다 짧아 농도 효율은 떨어지지만, 물이 커피를 투과하는 과정 중 공기와 접촉하며 휘발성인 향 성분을 추출해낸다. 덕분에 강한 향을 지닌 결과물을 얻을 수 있다.

한 논문에 따르면 여과식 냉수추출커피의 경우 모든 항목에서 약 5~7점 사이의 점수 분포를, 침지식 냉수추출커피의 경우 약 1.5~4점 사이의 점수 분포를 보였다. 즉, 여과식이 침지식보다 향미의 강도가 세게 느껴지는 것으로 나타났다.

브루잉 입문자를 위한 투과식 브루잉

드리퍼를 이용한 투과식 추출이 쉽다고 오해하는 경우가 많다. 물을 붓기만 하면 추출은 저절로 된다고 생각할 수 있다. 그러나 드리퍼의 종류와 핸들링이 주요한 변수로 작용하기 때문에 오히려 침지식 추출보다 숙련도가 필요하다.

보통 홈카페 입문자들이 가장 먼저 구매하는 것은 드리퍼다. 저울이나 온도계, 드립포트 같은 도구들은 구매 우선순위에서 밀린다. 그러나 이러한 도구 없이 드리퍼만으로 일정한 추출을 하기란 쉽지 않다.

이에 필수적으로 있어야 하는 기구와 선택적인 기구를 나눠보았다. 앞으로 소개할 레시피는 온도계와 저울이 없는 상태에서 최대한 일정한 추출을 할 수 있도록 정리했다. 주의할 점은 '오차 없이 레시피를 정확하게 따라해야 한다'는 것이다. 일관된 추출을 위한 것이니 횟수까지 그대로 따라 해주길 바란다.

하리오 V60

수구가 커서 추출속도가 빠르기 때문에 농도 효율은 떨어지지만 깔끔한 커피를 추출할 수 있다. 추출속도를 고려해 분쇄도를 가늘게 설정해야 하므로 원두의 개성을 표현하는 데 유리하다. 또한 나선형의 리브 덕에 핸들링을 하지 않아도 물이 회전하며 커피를 투과한다. 원두의 개성 표현을 중시하고 가는 분쇄도의 추출이 유리한 라이트~미디엄 로스팅 커피에 부합하는 드리퍼다.

필수 도구

하리오 V60-01, 눈금이 있는 서버, 종이필터, 전기포트, 계량스푼

선택적 도구

드립포트, 그라인더, 온도계, 저울

하리오 기준추출 레시피

1:14 (진하게) / 1:16 (중간) / 1:18 (연하게) 세 가지 비율로 내려 맛을 보고 기호에 맞춰 정한다. 책에서 소개하는 레시피는 다음과 같이 설정했다.

원두양	분쇄도	푸어 총량	물 온도	추출비율
20g	6.5번	320g	95℃	1:16

차수별 레시피			
차수	뜸들이기	1차 추출	2차 추출
푸어양	50g	150g	120g
시간	~30초	30~50초	50~1분 35초
누적 물 양	50g	200g	320g

*분쇄도는 디팅 804랩 기준으로 숫자가 작을수록 입자가 가늘다.

추출 방법

① 드리퍼에 종이필터를 접어 넣은 뒤 밀착시킨다.

② 분쇄원두 20g을 필터에 담고 평탄화한다.

③ 95℃의 물을 원두와 드리퍼의 절반 높이까지 빠르게 부어 30초간 뜸을 들인다(약 50g).

④ 물을 종이필터와 같은 높이로 부어준다(약 150g).

⑤ 물이 모두 빠진 직후, 50초 무렵 물을 다시 끝까지 채워준다(약 120g).

⑥ 1분 35초 무렵 물이 완전히 빠지면 추출을 마친다.

⑦ 맛을 보고 보완이 필요하다면 추출을 다시 디자인한다.

→ 추출 디자인 가이드는 64p 참고

(TIP) 분쇄도를 맞추기 힘들다면 푸어오버$^{pour\ over}$ 방식을 기준으로 삼을 수 있다. 예를 들어 1분 35초가 적정 추출인데 보다 빨리 끝났다면 분쇄도가 굵은 것이고, 오래 걸린다면 얇은 것이다. 분쇄도를 조절해 목표한 추출시간을 맞춤으로써 알맞은 분쇄도를 파악할 수 있다.

> 추출시간이 짧다 → 분쇄도가 굵다 → 원두를 더 가늘게 분쇄한다.
> 추출시간이 길다 → 분쇄도가 가늘다 → 원두를 더 굵게 분쇄한다.

칼리타 웨이브

칼리타 웨이브는 푸어오버 스타일로 제작된 칼리타사의 제품이다. 특이한 점은 종이필터가 물결 무늬의 원형이라는 것이다. 이러한 형태는 추출 시 공기의 흐름을 원활하게 해주어 유속의 변화를 최소화한다. 또한 바닥이 평평하고 넓어 물이 투과하는 속도가 빠르며 물과 원두가 골고루 만난다. 이러한 특성은 추출속도를 빠르게 해주어 라이트 로스팅부터 미디엄-하이 로스팅 원두까지 추출하는데 유리하다.

필수 도구

칼리타 웨이브 155, 눈금이 있는 서버, 종이필터, 전기포트, 계량스푼, 티스푼

선택적 도구

드립포트, 그라인더, 온도계, 저울

웨이브 기준추출 레시피

원두양	분쇄도	푸어 총량	물 온도	추출비율
20g	8번	270g	95℃	1:13.5

차수별 레시피			
차수	뜸들이기	1차 추출	2차 추출
푸어양	50g	120g	110g+마지막 교반 5회
시간	~30초	30초~1분	1분~1분 50초
누적 물 양	50g	170g	270g

*분쇄도는 디팅 804랩 기준으로 숫자가 작을수록 입자가 가늘다.

추출 방법

① 드리퍼에 종이필터를 넣고 밀착시킨다.

② 필터에 원두 20g을 넣고 평탄화 한다.

③ 얇고 빠른 물줄기로 중심에서 바깥으로 4바퀴를 돌려 물을 붓고 30초간 뜸을 들인다(약 50g, 저울이 없는 경우 원두 표면과 드리퍼 끝의 1/3 지점까지 물이 차오르게 부어준다).

④ 굵은 물줄기로 필터 끝선까지 센터푸어하며 물을 빠르게 가득 채운다. (약 120g).

⑤ 물이 90% 정도 빠지면 다시 한번 물을 가득 붓는다(약 100g)

⑥ 푸어가 끝나자마자 티스푼으로 큰 원을 다섯 바퀴 그리며 교반을 한다.

⑦ 1분 50초쯤 드리퍼의 물이 완전히 투과하면 추출을 마친다.

⑧ 맛을 보고 보완이 필요하다면 추출을 다시 디자인한다.

→ **추출 디자인 가이드는 64p 참고**

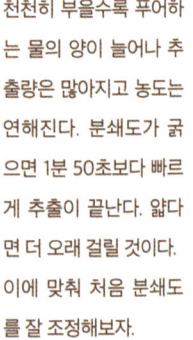

천천히 부을수록 푸어하는 물의 양이 늘어나 추출량은 많아지고 농도는 연해진다. 분쇄도가 굵으면 1분 50초보다 빠르게 추출이 끝난다. 얇다면 더 오래 걸릴 것이다. 이에 맞춰 처음 분쇄도를 잘 조정해보자.

칼리타 101D

칼리타 101D는 다양한 로스팅 스타일의 커피 추출에 용이한 활용도 높은 드리퍼다. 너무 느리지도, 빠르지도 않은 유속(물이 빠지는 속도)을 구현하기 때문이다. 다양한 로스팅 스타일을 즐기는 이에게 추천한다.

필수 도구
칼리타 101D, 눈금이 있는 서버, 종이필터, 전기포트, 저울 또는 계량스푼

선택적 도구
드립포트, 그라인더, 온도계

칼리타 기준추출 레시피
1:14 (진함) / 1:16 (중간) / 1:18 (연함) 세 가지 비율로 내려 맛을 보고 기호에 맞춰 정한다. 책에서 소개하는 레시피는 다음과 같이 설정했다.

원두양	분쇄도	푸어 총량	물 온도	추출비율
20g	8번	280g	95℃	1:14

차수별 레시피			
차수	뜸들이기	1차 추출	2차 추출
푸어양	50g	110g	100g + 교반
시간	~30초	40초~	1분 30초~2분 40초
누적 물 양	50g	160g	280g

*분쇄도는 디팅 804랩 기준으로 숫자가 작을수록 입자가 가늘다.

추출 방법

① 드리퍼에 종이필터를 접어 넣은 뒤 밀착시킨다.

② 분쇄원두 20g을 필터에 담고 평탄화한다.

③ 95℃의 물을 드리퍼 중심에서 바깥으로 4바퀴 원을 그려 부어준다. 종이필터의 절반 높이까지 붓고 40초간 뜸을 들인다(약 50g).

④ 40초부터 빠르게 푸어를 시작해 필터 끝까지 물을 부어준다(1차 추출-약 110g).

⑤ 1분 30초쯤 물이 모두 빠지면 곧바로 물을 다시 필터 끝까지 붓는다(2차 추출-약 120g).

⑥ 2분 40초쯤 물이 완전히 빠지면 추출을 마친다.

⑦ 맛을 보고 보완이 필요하다면 추출을 다시 디자인한다.

→ 추출 디자인 가이드는 64p 참고

멜리타 1×1

좁은 측면에는 빗살무늬 리브가, 넓은 면에는 직선형 리브가 있다. 빗살무늬 리브는 물을 붓거나 물이 빠질 때 드리퍼 내부 흐름을 교차시켜준다. 수구가 하나에 크기도 작아 유속이 느려 높은 농도 효율의 추출이 가능하고, 미디엄부터 스트롱 로스팅까지의 원두 브루잉에 적합하다.

필수 도구

멜리타 1×1, 눈금이 있는 서버, 종이필터, 전기포트, 계량스푼

선택적 도구

드립포트, 그라인더, 온도계, 저울

브루잉 비율

1:10 (진함) / 1:12 (중간) / 1:15 (연함) 세 가지 비율로 내려 맛을 보고 기호에 맞춰 정한다. 책에서 소개하는 레시피는 다음과 같이 설정했다.

원두양	분쇄도	푸어 총량	물 온도	추출비율
20g	8번	260g	95℃	1:10

차수별 레시피			
차수	뜸들이기	1차 추출	2차 추출
푸어양	50g	110g	100g + 교반
시간	~30초	30초~	1분 10초~2분 10초
누적 물 양	50g	160g	푸어량 260g / 추출 200g(㎖)

*분쇄도는 디팅 804랩 기준으로 숫자가 작을수록 입자가 가늘다.

추출 비율은 사용한 원두의 양과 추출한 커피 용액의 비율이다. 멜리타에서는 드리퍼에 물이 남아 있는 상태에서 추출을 마치므로 위 추출비율은 1:10이라고 할 수 있다. 2차 추출 시 추출량에 맞추지 않고 드리퍼에 물을 가득 붓는 이유는 저울이 없을 때 일정하게 추출하기 위해서다. 수위를 높일수록 추출속도가 빨라지므로 매 추출마다 같은 조건을 만들어준다.

추출 방법

① 드리퍼에 종이필터를 접어 넣은 뒤 밀착시킨다.

② 분쇄원두 20g을 필터에 담고 평탄화한다.

③ 95℃의 물을 드리퍼의 중심으로부터 바깥으로 원을 4바퀴 돌려 부어준다.
   종이필터의 절반 높이까지 붓고 나면 40초간 뜸을 들인다(약 50g).

④ 90℃의 물을 종이필터의 끝선까지 최대한 빠르게 붓는다. (1차 추출-약 110g)

⑤ 물이 90% 이상 빠지면 한번 더 필터 끝선까지 최대한 빠르게 물을 붓는다.
   (2차 추출-약 100g)

⑥ 서버 눈금 기준 200㎖까지 커피가 추출되면 드리퍼를 제거한다.

⑦ 맛을 보고 보완이 필요하다면 추출을 다시 디자인한다.

→ **추출 디자인 가이드는 64p 참고**

(TIP)   25g 이상의 원두를 사용하는 경우, 멜리타1X1은 드리퍼의 크기가 작아 물을 가득 부어해도 양이 부족하다. 원두양을 늘리고 싶다면 칼리타 101D를 사용해야 원활한 추출이 가능하다.

CHAPTER 7

숙련된 브루잉

기준추출과 센서리 피드백을 통한 추출변수 조절이 익숙해졌다면 그밖에 알아두면 좋은 추출개념에 대해 살펴보자. 추출 디자인이 같더라도 추출과정 중 또는 추출 이후에 무엇을 어떻게 하는지에 따라 결과물이 달라진다. 커피를 더 다양하게 즐기고 보다 섬세한 추출을 하고 싶다면 이번 챕터 내용을 잘 숙지하길 바란다.

01 핸들링과 푸어링

① 핸들링 연습하기
② 핸들링 루틴 만들기
③ 추출 차수별 핸들링

02 뜸들이기의 이해

03 드리퍼와 필터 린싱에 따른 추출 양상

① 필터 린싱의 목적
② 추출속도 비교 실험

04 그 외 추출에 영향을 미치는 행위들

① 푸어 횟수와 농도
② 교반
③ 바이패스

05 추출비율과 농도

① 추출비율
② 농도

06 로스팅 포인트별 그라인더 선택
   - TDS를 바탕으로

브루잉에는 상당히 많은 변수가 존재하고 이를 100% 컨트롤하는 것은 사실상 불가능하다. 그러나 더 좋은 맛을 내려면 변수에 따른 결과를 예상하고 이를 조절하려는 노력이 필요하다. 이번 챕터에서는 브루잉 수준을 한층 더 높여줄 내용을 다룬다. 드립포트 핸들링의 개념과 실험을 통해 알아본 기타 변수에 따른 추출 변화다. 자체적인 실험에서는 브루잉에 도움이 되는 방향 혹은 의견을 내보고자 여러 방법을 시도해보았다.

01 핸들링과 푸어링

핸들링은 추출 결과에 영향을 줄 수 있는 모든 물줄기의 조절을 말한다. 예를 들면, 낙차가 클수록 물이 빠르게 떨어지면서 물과 원두의 교반이 더 활발하게 일어난다. 이는 커피에 좋은 영향을 줄 수도, 안 좋은 영향을 줄 수도 있는데 의도한 것이라면 핸들링이라고 할 수 있다.

브루잉에서 핸들링이 차지하는 비중에 관해서는 의견이 분분한데 필자는 핸들링을 중요하게 생각한다. 핸들링만으로 추출속도와 교반의 정도를 조절할 수 있기 때문이다.

핸들링 연습하기

가장 높은 난도의 핸들링은 물을 일정하게 점(방울)으로 떨어뜨리는 것과 최대한 얇은 물줄기를 유지하는 것이다. 따라서 핸들링을 단련할 때에는 최대한 얇은 물줄기를 유지하는 연습을 한다. 다음 방법대로 하면 물줄기가 일정하게 유지되는지 눈으로 확인하며 연습할 수 있다.

① 투명한 유리컵에 물을 1/3가량 채운다.
② 드립포트에 물을 80% 이상 채운다(핸들링이 미숙하다면 차가운 물을 사용하고, 익숙해지면 뜨거운 물을 채워 실전과 같이 한다).

③ 드립포트의 수구를 유리컵에 최대한 가까이 둔다.

④ 점으로 떨어지지 않을 만큼의 최대한 얇은 물줄기를 유지하며 물을 붓는다.

⑤ 수면과 수중에 기포가 생기지 않도록 물줄기를 컨트롤한다.

⑥ 물이 컵의 2/3 이상으로 차면 기포가 잘 생기지 않으므로 물을 1/3만 남기고 다시 드립포트에 붓는다.

⑦ ③~⑤의 과정을 반복하며 꾸준히 연습한다.

⑧ 어느 정도 숙련되면 컵의 중심에서 바깥으로 점점 커지는 원을 그린다.

⑨ 중심에서부터 벽면의 1.5cm 안쪽까지 점차 커지는 원을 네 번 그린 뒤 다시 점점 작아지는 원을 세 번 그리며 중심으로 돌아온다.

(TIP) 같은 굵기의 물줄기와 속도로 원을 그리는 연습을 한다. 포트의 끝은 수면과 수평이 되도록 해야 한다. 수면과 높이가 다르면 물의 위치에너지가 달라져 물이 떨어지는 속도에 차이가 생기기 때문이다. 드리퍼는 대부분 대칭형이기 때문에 모든 부분에서 균형 잡힌 핸들링을 적용하는 것이 좋다.

핸들링 루틴 만들기

핸들링을 처음 해보거나 핸들링의 결과물에 만족하지 못하는 때가 오면 '핸들링 루틴'이 중요한 기준점이 된다. 추출변수를 아무리 조정해도 원하는 맛이 나지 않는다면 핸들링 루틴을 의심해볼 필요가 있다. 나의 핸들링에 문제가 있다고 판단되면 다시 이 루틴으로 돌아와서 리셋Reset해보는 것이다.

핸들링 루틴

- 총 7바퀴의 나선형 원을 그린다.
- 같은 굵기의 물줄기를 유지한다.
- 7바퀴 모두 같은 속도로 원을 그린다.
- 드리퍼에서 낙차를 최대한 줄인다.
- 중심에서 바깥으로 4바퀴, 그리고 다시 중심까지 3바퀴를 그린다.
- 원은 한 방향으로만 그린다.

> **TIP** 종이필터에 물줄기가 닿지 않게 하는 이유
>
> 종이필터에 물줄기가 닿으면 종이 맛이 추출될 수 있다고 말하는 사람도 있다. 필자는 그보다 더 중요한 이유가 있다고 생각한다. 원활한 추출속도를 유지하려면 리브와 리브 사이에 종이필터가 달라붙지 않아야 한다. 다시 말해 필터가 리브에만 닿고 드리퍼 벽면과 필터 사이에는 공간이 확보되어야 한다. 리브 사이의 틈은 주전자의 숨구멍과도 같다. 숨구멍이 작으면 물이 잘 나오지 않는 것처럼, 필터가 완전히 부착되거나 기포가 생기면 물이 잘 빠지지 않을 수 있다. 그러면 추출시간이 길어지면서 과다추출되기 쉽다. 리브에서 최소 1cm 정도 여유를 두고 핸들링하는 것이 좋다.

추출 차수별 핸들링

1차추출

뜸들이기가 끝난 직후, 1차추출에서 가장 많은 성분이 추출된다. 그러므로 1차추출 시에는 너무 빠르지 않은 속도로 천천히, 얇은 물줄기로 7바퀴를 그려준다.

2차추출

1차추출보다 30% 굵은 물줄기와 30% 빠른 속도로 원을 그려준다. 1차와 같은 양의 물이더라도 붓는 속도가 빠르면 원을 그리는 속도 역시 빨라져야 같은 양의 물을 부을 수 있다. 같은 양의 물이라고 해도 짧은 시간 안에 부으면 드리퍼 안의 수위가 높아져 추출속도가 빨라진다.

3차추출

2차추출보다 30% 굵은 물줄기와 30% 빠른 속도로 원을 그려준다.

4차추출

3차추출보다 30% 굵은 물줄기와 30% 빠른 속도로 원을 그려준다.

물줄기와 원을 그리는 속도를 차수마다 30% 증가시키면 4차추출은 1차추출의 약 2.2배 굵기와 속도가 된다.

차수	1차	2차	3차	4차
푸어시간(추출시간)	가장 길다	길다	짧다	가장 짧다
푸어양	70g	70g	70g	70g
물의 양	'차수마다 푸어 양은 같다'라는 기준을 세운다. 이에 따라 추출시간이 짧을수록 굵은 물줄기로 물을 붓는다. 핸들링은 7바퀴를 기준으로 한다.			

*따뜻한 커피 한 잔 추출 기준

02 뜸들이기의 이해

뜸들이기란 마른 상태의 원두에 물을 부어 추출이 원활히 이뤄질 수 있게 하는 과정이다. 뜸들이기는 추출에 있어 맛의 중추 역할을 한다. 뜸을 너무 오래 들이면 커피가 진해질 수 있지만 떫은맛이 강해져(과다추출) 깔끔한 커피를 추출하기 어렵다. 반면 뜸들이는 시간이 짧으면 커피의 맛과 향이 모두 약해질 수 있어(과소추출) 지나치게 가벼운 커피가 만들어진다.

뜸들이기는 보통 30초를 기준으로 한다. 원두 상태에 따른 좀 더 구체적인 기준을 정하자면 '물을 처음 붓고 나서 커피가 더 이상 부풀어 오르지 않을 때까지'다.

참고로 로스팅한 지 오래된 원두는 잘 부풀지 않는다. 30초 이하의 뜸들이기를 권장한다. 로스팅한 지 얼마 안 된 원두는 물과 만나면 많은 양의 가스를 방출한다. 가스는 물과 원두가 만나는 것을 방해하므로 이럴 땐 뜸을 충분히 들여주는 것이 좋다. 원두가 더 이상 부풀어 오르지 않을 때까지 뜸을 들여 가스를 빼낸다. 추출 후 맛을 봤을 때 떫은맛이 난다면 뜸들이는 시간을 줄여준다.

뜸들이는 방법

① 분쇄원두를 필터에 담은 뒤 평탄화한다.

② 얇은 물줄기로 드리퍼 중앙에서 바깥으로 나선형 원을 4바퀴 그려 전체적으로 빠르게 적셔준다.

> **TIP** 뜸을 들일 때 커피가 전체적으로 적셔지지 않으면 추출에 편차가 생기므로 충분히 적셔주는 것이 좋다. 그러나 뜸들이는 단계에서 서버에 떨어진 커피는 온전한 추출이 이루어지지 않았을 확률이 크다. 서버에 물이 거의 떨어지지 않도록 물의 양을 조절하되, 너무 많이 떨어졌다면 서버를 비운 뒤 본 추출을 시작하자.

03 드리퍼와 필터 린싱에 따른 추출 양상

필터 린싱의 목적

린싱(원두를 담기 전 필터를 물로 적셔주는 것)을 하는 이유 혹은 목적에 대해서는 의견이 분분하다. 누군가는 필터의 종이 맛을 제거하기 위함이라고 말하고 또 다른 이는 필터를 드리퍼에 잘 밀착시키기 위함이라고 한다. 필자의 경우 추출속도를 조절하기 위해 필터를 린싱한다. 추출속도, 즉 투과속도는 드리퍼의 종류에 따라 다른데, 같은 드리퍼를 사용하더라도 필터 린싱 여부에 따라 추출속도가 달라진다.

추출속도 비교 실험

추출속도가 느리면 농도가 진해지고, 추출속도가 빠르면 농도가 연해진다는 건 바리스타라면 누구나 알고 있는 사실이다. 필자는 이 이론을 바탕으로 한 자체적인 실험을 통해 브루잉에 도움이 되는 정보를 도출해보고자 했다. 실험은 '물과 만나는 시간에 따른 추출농도^{TDS}가 다르다'라는 통념에 기반해 '여러 드리퍼의 추출속도를 비교하면 변수를 제어할 수 있다'라는 가설을 세우고 진행했다. 객관적인 결과를 도출하기 위해 상황별 TDS를 측정하고 어떤 영향을 주는지 확인해보았다. 실험에 사용한 드리퍼와 실험 방법은 다음과 같다.

도구
멜리타 1×1, 칼리타 101D, 고노, 하리오 V60-01, 칼리타 웨이브, 제로재팬 비하우스

조건
물 200g(95℃), 원두 20g, 분쇄도 10번(디팅 804랩 기준)

실험 방법

① 원두가 있는 상태에서 푸어하면 추출 종료 시점이 모호하므로 총량 150g이 추출되는 시간까지 측정한다.

② 드리퍼와 필터 린싱 여부를 조작 변인으로 두며, 종속 변인을 파악하기 위해 모든 추출을 3회 반복해 나온 결과의 평균치를 계산한다.

③ 필터 린싱 여부가 결과에 얼마나 영향을 주는지 알아보기 위해 실험은 1차(린싱○: Wet), 2차(린싱×: Dry)로 나누어 진행한다.

실험 결과를 본격적으로 이야기하기에 앞서, 본 실험은 브루잉 변수에 대한 정확한 원인을 도출하는 것보다는 사실 비교를 주목적으로 한다는 것을 짚고 넘어가고자 한다. 따라서 이 내용을 실험에 쓰인 추출 기구의 소지자가 추출속도 변수를 제어하고 추출을 디자인할 수 있도록 돕는, 일종의 족보로 봐주었으면 하는 바람이다. 이를 위해 앞서 언급한 것과 같이 동일한 배치 원두를 같은 그라인더에 같은 굵기로 분쇄했으며 푸어링 속도, 물 온도를 통제 변인으로 두었다. 또한 정확한 추출속도 비교를 위해 150g이 추출된 후 타이머를 멈췄다. 실험에서 가장 흥미로웠던 점은 필터의 린싱 여부에 따른 추출속도가 필터 내 원두 유무에 따라서도 달라진다는 것이다.

원두 없는 상태에서 린싱 여부에 따른 드리퍼별 추출 시간 (단위: 초)

Wet	멜리타	웨이브	101D	비하우스	고노	V60	
느림	45.76	45.28	35.75	32.50	29.10	28.97	25.60	23.95	21.60	19.38	16.63	16.00	빠름
Dry	멜리타	웨이브	101D	비하우스	고노	V60	

앞 페이지 표는 원두를 넣지 않은 상태에서 드리퍼에 물을 부었을 때의 결과다. 원두가 없는 필터에 물을 부었을 때 추출되는 속도가 느린 순으로 나열하면 멜리타, 웨이브, 101D, 비하우스, 고노, V60다. 린싱 여부와 관계 없이 순서는 동일했지만 속도에는 차이가 있었다.

아울러 원두를 투입하지 않은 상태에서 필터의 린싱 여부에 따른 추출속도를 비교한 결과 린싱을 하지 않았을 때 물이 더 빨리 빠져나왔다. 이는 필터가 머금고 있는 물과 투입한 물의 수소결합 인력(引力)보다 마른 종이가 젖어가며 물을 당기는 인력이 더 강하기 때문이라 예상해본다. 그러나 원두 없이는 커피를 추출할 수 없으니 이는 참고사항으로만 봐두길 바란다.

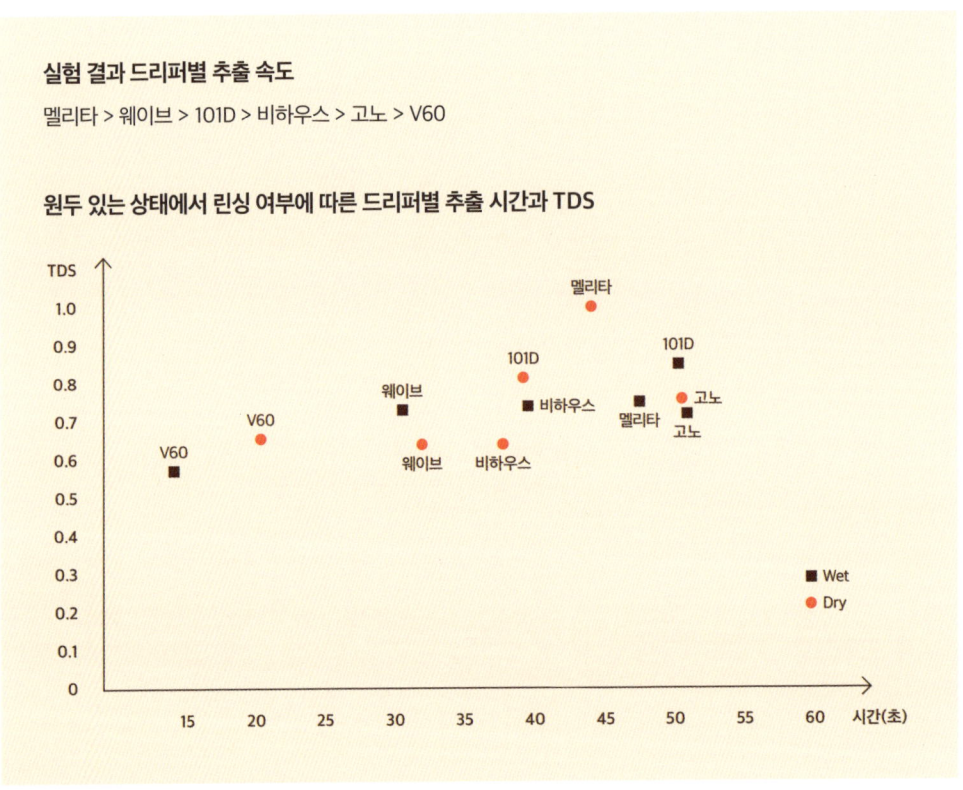

실험 결과 드리퍼별 추출 속도
멜리타 > 웨이브 > 101D > 비하우스 > 고노 > V60

원두 있는 상태에서 린싱 여부에 따른 드리퍼별 추출 시간과 TDS

추출 속도 비교

Dry	Wet
고노 > 멜리타 > 101D > 비하우스 > 웨이브 > V60	고노 > 101D > 멜리타 > 비하우스 > 웨이브 > V60

Wet: 고노 5, 멜리타 3, 비하우스 3, 웨이브 2, V60 9
Dry: 고노 5, 101D 7, 멜리타 9, 비하우스 9, 웨이브 3, V60 5

→ 추출 시간(초)

원두를 투여한 필터에 푸어링한 결과는 원두가 들어있지 않은 필터에 물을 부었을 때와 비슷했다. 그래프를 보면 알 수 있듯 대체로 마른 필터에 물을 투여한 경우의 추출속도가 빨랐다. 린싱 여부의 차이가 있었지만 그렇다고 모든 경우에 동일한 결과가 적용되는 것은 아니었다. 웨이브와 V60은 반대로 린싱 후 추출속도가 더 빨랐기 때문. 고노의 경우도 근소한 차이로 더 빨랐는데 웨이브, V60, 고노 세 가지 드리퍼의 공통점을 찾는다면 모두 원통형이라는 것이다. 물론 이를 정확한 원인으로 꼽기는 어렵지만 비원통형 드리퍼의 추출시간이 원통형 드리퍼와 상반된 결과를 보였다는 점은 유의미한 결과라고 본다. 가장 반전은 101D였다. 타 드리퍼는 필터 린싱 여부에 따라 추출시간이 최대 3초가량 차이를 보였으나 101D는 10초 이상 차이가 났다. 10초는 생각보다 긴 시간이다. 101D로 추출 레시피를 설계할 땐 필터 린싱 여부를 잘 고민하여 결정하는 것이 좋겠다.

실험을 통해 각 드리퍼와 필터 린싱 여부에 따라 추출속도에 차이가 있다는 점을 알 수 있었지만 한 가지 의구심이 들었다. 바로 뜸들이기에 대한 부분이다. 뜸들이기를 하면 결국 린싱을 한다고 봐야 하는 게 아닌지에 대해 고민을 거듭한 결과, 뜸들이기는 브루잉에서 꽤 큰 변수에 해당하기에 이를 포함하면 필터 린싱 여부에 대한 정확한 결과를 파악하기 어렵다고 판단했다.

다음으로 추출시간에 따른 TDS에 주목해보자. 마찬가지로 필터 린싱 여부를 달리한 후 드리퍼별 농도를 측정해보았다. 그 결과 드리퍼별 TDS의 차이도 물론 있었으나 추출시간이 길어질수록 TDS도 높아졌다.

이번 실험으로 각 드리퍼, 그리고 필터 린싱 여부에 따라 추출에 소요되는 시간이 달라지며 이에 따라 커피의 농도도 달라진다는 점을 배웠다. 자신이 가지고 있는 드리퍼를 이용해 변수를 조절하는 것이 가능하다는 의미일 터. 본 실험에서 사용하지 않은 드리퍼를 이용해 본인만의 실험을 해보는 것도 좋을 듯하다.

실험 정리	원두 투입 ×	린싱하지 않았을 때보다 추출속도가 빠름
	원두 투입 ○	① V60과 고노는 필터 린싱 후 추출속도가 더 빨랐음 ② 멜리타, 101D, 비하우스는 필터를 린싱하기 전 추출속도가 더 빨랐음 ② 101D는 필터 린싱 여부에 따른 추출시간의 차이가 큼
실험 결과		- 드리퍼 형태별 필터 린싱 여부에 따라 추출속도에 차이가 생김 - 추출시간이 길어지면 TDS도 높아짐
Tip		- 필터 린싱 여부에 따른 드리퍼별 상대적 추출속도를 비교해 변수를 디자인해보자 - 커피의 농도를 조절하고 싶다면, 필터 린싱 여부와 드리퍼별 상대적 추출속도를 먼저 파악하자

04 그 외 추출에 영향을 미치는 행위들

푸어 횟수와 농도

푸어 횟수는 커피의 농도와 연관이 있다. 예를 들어 한 잔 분량을 추출할 때 뜸들이는 물은 커피 양의 1.5~2배의 양을 사용하며, 나머지 분량의 물을 붓고자 하는 횟수로 나누어 추출한다. 물 300g, 원두 20g, 푸어 3회로 추출한다면 먼저 40g의 물로 뜸을 들이고, 남은 260g의 물을 푸어 횟수인 3으로 나누어 86g씩 붓는다. 푸어 횟수가 2회라면 마찬가지로 40g의 물로 뜸을 들인 뒤 130g의 물을 두 번에 걸쳐 붓는다.

푸어 횟수가 많을수록 한 번에 붓는 물의 양은 줄어든다. 이 경우 드리퍼 내 물의 무게가 적기 때문에 추출속도가 느려지고 물과 커피가 접촉하는 시간은 길어진다. 즉, 푸어 횟수가 늘어날수록 커피가 진해진다. 또한 물(용매)을 추가로 푸어하면 새로운 용매가 더해짐으로써 원두가 가진 성분이 잘 용해된다.

교반

교반이란 물과 커피를 잘 섞어주는 행위로 이를 통하면 추출수율을 높일 수 있다. 로스팅 포인트가 낮은 커피에서는 교반이 특히 효과적이다. 라이트 로스팅 커피는 물과 닿는 표면적이 좁아서 다크 로스팅 커피보다 상대적으로 추출이 어렵다. 교반 과정을 거치면 커피와 물의 접촉, 가스 배출이 원활해져 추출에 도움이 된다. 그렇다고 교반이 늘 좋은 것은 아니다. 원두의 부피는 로스팅 포인트가 높을수록 커지고, 그럼 물과 만나는 표면적이 넓어져 추출이 잘 된다. 이때 교반까지 하면 과다추출이 되기 쉽다. 즉, 불필요한 교반은 불필요한 성분을 추출한다.

교반 없이 추출하고 맛을 봤을 때 커피 맛의 강도가 전반적으로 약하면 교반을 해도 좋다. 쉽게 말해 연한 커피 농도는 교반을 통해 개선할 수 있다.

바이패스

바이패스의 사전적 의미는 '우회하다'로, 통신회로에서 본 회로가 고장 날 경우 보조 회로를 통해 작동하게 하는 것이다. 차가 막히는 시간을 대비해 혼잡한 시가지를 우회하여 갈 수 있게 설치한 도로를 의미하기도 한다. 브루잉에서 바이패스란 추출 결과물인 커피에 순수한 물을 가하는 행위를 가리킨다.

그렇다면 커피에 왜 바이패스를 할까? 그 목적은 바리스타마다 다르겠지만 필자의 경우 다음과 같은 이유들로 바이패스를 한다.

첫 번째는 추출된 커피의 농도가 원하는 수준보다 진할 때다. 목표로 한 것보다 커피가 지나치게 진하게 추출됐다면 순수한 물을 더해 농도를 맞출 수 있다. 이처럼 바이패스는 농도를 조절하는 손쉬운 방법이지만, 커피의 농도가 목표했던 것과 현격하게 차이나는 경우에는 바디가 약해지고 애프터테이스트가 짧아질 수 있다.

응축된 맛의 커피를 추출했을 때도 바이패스를 할 수 있다. 추출된 커피의 수율이 과도하게 높으면 맛을 온전히 느끼기 어렵다. 혹은 맛이 너무 강해 굉장히 자극적인 커피가 될 가능성도 있다. 이때 물을 더하면 좋은 효과를 볼 수 있다. 바이패스는 단순히 농도를 낮추기만 하는 것이 아니라 '돋보기' 역할을 한다. 압축된 커피 맛을 확장시켜 맛의 스펙트럼을 넓혀주는 것이다. 없는 맛을 만들어내는 것은 아니다. 비유하자면 프리즘을 통과한 빛이 무지개색으로 펼쳐지는 것과 같다.

마지막은 가벼운 커피를 선호하는 경우다. 추출의 가장 중요한 기준은 커피를 마시는 사람의 취향이다. 평소 연하고 가벼운 커피를 즐기는 사람이라면 바이패스를 하지 않을 이유가 없다. 몇몇 바리스타는 바이패스를 좋지 않은 방법으로 간주하기도 한다. 필자 역시 바이패스 없이 추출 목표를 달성하는 쪽을 선호하긴 하지만, 티처럼 깔끔하면서 농도가 연한 커피를 즐긴다면 바이패스는 좋은 수단이 될 수 있다.

05 추출비율과 농도

추출비율
(Brew Ratio)

추출비율은 사용한 원두양과 추출한 커피용액의 비율로, 추출의 가장 큰 골격이다. 원두양은 추출 결과물에 가장 큰 영향을 주는 직접적인 요인 중 하나라서 필자는 추출비율에 많은 변화를 주지 않는 편이다. 단, 커피농도를 조절하고자 할 땐 추출비율을 달리한다.

추출비율은 큰 밑그림이긴 하나 얼마든지 변경해도 좋다. 1:15가 결코 황금비율이 아니듯 말이다. 같은 조건에서 커피양이 많아지면 커피의 농도는 진해진다.

농도
(TDS)

원두양을 늘리는 것은 '사용한 원두를 충분히 추출해낼 수 있다'라는 전제하에 이뤄져야 한다. 농도가 진하면서 이상적인 커피는 과다추출이 일어나기 직전일 것이다. 더 진한 커피를 내리고 싶다면 지금 추출한 커피가 과소추출과 적정추출, 과다추출 중 무엇에 해당하는지를 파악하는 것이 우선이다.

추출 상태별 농도 높이는 법

구분	과소추출	적정 추출	과다추출
진단 및 해결 방법	원두양이 충분하므로 원두양은 그대로	좋은 성분을 최대한 추출한 상태라면 **원두양 늘리기**	추출할 수 있는 성분이 부족했다면 **원두양 늘리기**
추가적인 해결 방법 (택1)	분쇄도 가늘게 추출시간 길게 물의 온도 높게	분쇄도 그대로 혹은 가늘게 추출시간 그대로 혹은 길게 물 온도 그대로 혹은 높게	분쇄도 그대로 혹은 굵게 추출시간 그대로 혹은 짧게 물의 온도 그대로 혹은 낮게

수율이 높은 커피가 좋다?

수율은 농도와는 사실상 무관하다. 커피가 진하다고 무조건 수율이 높은 것은 아니며 연한 커피가 수율이 낮다고 할 수도 없다. 많은 바리스타가 높은 수율의 커피를 얻기 위해 노력한다. 하지만 수율이 높다고 해서 결코 좋은 커피라 단정지을 수는 없다.

수율은 추출에 사용한 커피 전체 질량과 추출한 성분의 질량 두 가지의 비율이다. 바르게 추출된 커피라 함은 좋은 밸런스의 커피를 의미한다. 부정적인 플레이버로 표현될 만한 성분이 추출된다면 수율이 높다고 하더라도 좋은 커피라 할 수 없다. 이론에서 언급한 추출 개념을 간단히 복습하고 다음 장으로 넘어가보자.

· 과소추출(낮은 수율)
　사용한 원두양에 비해 추출된 커피 성분이 적은 경우
　→ 산미가 강하다, 후미가 짧다, 단맛이 부족하다.

· 적정추출(적정 수율)
　사용한 원두양에 대해 적절한 성분이 추출된 경우
　→ 밸런스가 좋다.

· 과다추출(높은 수율)
　사용한 원두양에 비해 추출된 커피 성분이 많은 경우
　→ 떫은맛이 강하다, 후미가 길다.

06 로스팅 포인트별 그라인더 선택 - TDS를 바탕으로

그라인더는 요리사의 칼만큼이나 중요한 장비다. 중식과 일식, 한식 전문 요리사가 사용하는 칼의 모양새와 쓰임새가 각각 다르듯, 바리스타에게는 그라인더가 그렇다. 지금부터 그라인더 선택 시 고려해야 할 조건들을 알아보자.

표면적이 넓은 용질일수록 용매와의 접촉이 활발해 더 빨리 또는 더 많이 용해된다. 단적인 예로 각설탕보다 가루 설탕이 물에 빨리 녹는 현상을 들 수 있다. 마찬가지로 그라인더 모형은 용질인 원두와 용매인 물이 접촉하는 표면적에 차이를 준다. 그렇다면 그라인더의 날에 따라 수율이 달라질까? 플랫 버와 코니컬 버, 그리고 크러쉬드 버까지 총 세 가지를 비교해보았다.

분쇄된 원두 표면을 육안으로 살펴보면 좋겠지만 실질적으로 쉽지 않다. 그 대신 TDS 비교를 통해 그라인더별 추출 결과물의 차이를 살펴본다.

비교 그라인더(총 3종)

플랫 버	코니컬 버	크러쉬드 버
디팅 804랩	코만단테 C40	후지로얄 R-440

실험 조건

드리퍼	하리오 V60	원두 양	20g	추출온도	90℃
물 양	200g	추출시간	24초		

모든 그라인더의 분쇄도를 동일한 직경으로 조정하기는 어렵다고 판단했기 때문에 실험 조건은 앞과 같이 통일했다. 드리퍼에서 물이 빠져나오는 시간이 같다면 분쇄도 또한 동일할 것이라고 가정한 것이다. 원두 굵기도 같은 가정하에 조정했다. 추출시간을 동일하게 맞추기까지 시행착오가 많았는데, 분쇄도 미세조정이 가장 힘든 후지로얄을 기준으로 잡았다. 소수점까지 똑같이 맞추는 것은 불가능해 후지로얄은 24.82초, 디팅은 24.89초, 코만단테는 25.18초로 추출됐음을 알린다. 오차율은 1.19%로, 0.3초 정도의 차이가 발생했다. 지금부터 그라인더별 추출 결과물의 TDS 측정 결과를 공유한다.

그라인더별 추출 결과물의 TDS

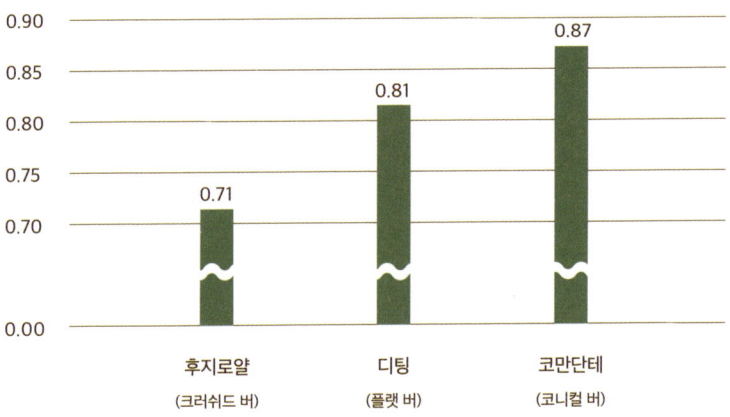

그림을 보면 알 수 있듯 코니컬 버, 플랫 버, 크러쉬드 버 순으로 TDS가 높았다. 물론 이 결과만으로 TDS가 가장 높게 나온 코니컬 버 그라인더가 좋다고 이야기할 수는 없다. 또한 필자는 개인적으로 원두의 로스팅 강도마다 적합한 그라인더가 있다고 생각한다. 커피는 강하게 볶을수록 원두 부피가 커지며 밀도는 낮아진다. 따라서 앞서 언급한 '용질의 표면적에 따른 용해 정도의 차이' 원리에 따라 다크 로스팅으로 갈수록 원두 질량당 물과 만나는 면적이 넓어진다. 결과적으로 로스팅 강도가 높을수록 TDS도 높아지는 것이 아닐까 예측해본다. 이를 바탕으로 약하게 볶은 원두는 표면적이 비교적 넓게 분쇄되는 그라인더를 선택하는 것이 추출에 용이할 것이라고 예측할 수 있다.

실험 정리	- 코만단테(코니컬 버), 디팅(플랫 버), 후지로얄(크러쉬드 버) 순으로 TDS가 높음
실험 결과	- 그라인더에 장착된 날 혹은 원두의 표면적에 따라 추출속도와 TDS가 다름
Tip	- 추출 디자인 혹은 선호에 맞는 그라인더 버 선택하기 - 단, 로스팅 강도라는 변수도 있다는 것을 명심할 것

CHAPTER 8

투과식
브루잉 마스터

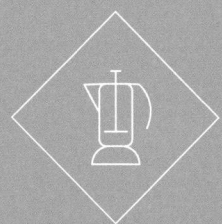

브루잉 마스터 단계에서 추출 레시피는 사실상 큰 의미가 없다. 레시피를 제시하는 것이 이번 챕터의 주된 목적이 아닌 이유다. 여기에서는 추출과정을 얼마나 세분화하는지 확인하고, 보다 심화된 기준추출을 소개한다. 이 내용을 바탕으로 한 심도 있는 센서리 피드백과 디테일한 추출변수 조정을 통해 섬세한 결과물을 얻을 수 있길 바란다.

---

❶ 교반을 적용할 수 있는 푸어오버 브루잉
① 하리오 V60
② 칼리타 웨이브

❷ 정드립에서의 핸들링 마스터하기
① 칼리타 101D
② 멜리타 1×1

01 교반을 적용할 수 있는 푸어오버 브루잉

하리오 V60

하리오 V60은 원통형 드리퍼로 경사각이 가파르고 넓은 구멍과 나선형의 리브를 지니고 있어 푸어오버 방식에 최적화되어있다. 물빠짐 속도가 빠르기 때문에 뜸을 들일 땐 얇고 빠른 물줄기로 전체적으로 적셔준다. 물줄기가 굵으면 금세 투과돼 서버에 커피가 차오르니 주의하자. 또한 하리오 V60는 필터를 린싱하면 추출속도가 더 빨라진다. 같은 조건에서 린싱 여부를 통해 추출속도를 조절할 수 있는 셈. 빠른 추출속도와 그에 상응하는 얇은 분쇄도의 조합은 깔끔하면서 강한 플레이버, 기분 좋은 산미와 단맛을 표현한다. 밀도가 높은 라이트, 미디엄 로스팅 원두 추출에 유리하다.

필수 도구

하리오 V60-01, 눈금이 있는 서버, 종이필터, 전기포트, 계량스푼, 드립포트, 온도계, 저울, 그라인더

하리오 브루잉 마스터 레시피

원두양	분쇄도	푸어 총량	물 온도	추출비율
16.5g	7.5번	250g	92℃	1:15

차수별 레시피				
차수	뜸들이기	1차 추출	2차 추출	3차 추출
푸어양	30g+교반	100g	70g	50g+교반
시간	~30초	30~40초	1분~1분 10초	1분 30초 ~2분 10초
누적 물 양	30g	130g	200g	250g

*분쇄도는 디팅 804랩 기준으로 숫자가 작을수록 입자가 가늘다.
*모든 차수의 푸어는 이전 차수에 부은 물이 모두 빠진 직후에 이어간다.

① 얇고 빠른 물줄기로 중심에서 바깥으로 30g의 물을 붓고 교반한 뒤 30초간 뜸을 들인다.

② 1차 추출로 100g의 물을 부어준다.

③ 1분에 물이 완전히 빠지면 2차 추출을 시작, 70g의 물을 붓는다.

④ 1분 30초에 물이 완전히 빠지면 50g의 물을 붓고 큰 원을 세 바퀴 그리며 교반한다.

⑤ 2분 10초, 물이 모두 빠지면 추출을 끝낸다.

⑥ 맛을 보고 보완이 필요하다면 추출을 다시 디자인한다.

→ **추출 디자인 가이드는 64p 참고**

> TIP 기준으로 잡은 추출시간과 맞지 않는다면 분쇄도를 조정한다.

추출시간	기준보다 짧다	기준 추출시간	기준보다 길다
진단	굵은 분쇄도	적정 분쇄도	가는 분쇄도
해결 방법	분쇄도 가늘게 조정		분쇄도 굵게 조정

칼리타 웨이브

칼리타 웨이브는 물빠짐 속도가 하리오 V60보다 느리고 칼리타 101D보다는 빠르다. 물빠짐(유속)이 빠를수록 분쇄도는 가늘어져야 하므로 라이트 로스팅 커피에 적합하고, 유속이 느리면 미디엄 로스팅 이상의 커피와 잘 맞는다. 로스팅을 가볍게 할수록 원두의 밀도가 높아 물과 만나는 표면적이 적기 때문이다. 반대로 로스팅을 강하게 할수록 원두의 밀도가 낮아지면서 물과 만나는 표면적이 넓어져 추출이 잘 된다. 그러므로 칼리타 웨이브 사용 시에는 원두를 굵게 분쇄해야 한다. 물론 얇게 분쇄하고 추출시간을 줄이는 방법도 있지만, 추출속도와 분쇄도가 밀접한 관계에 놓여 있는 투과식 추출에 적용하기는 쉽지 않다.

필수 도구

칼리타 웨이브, 눈금이 있는 서버, 종이필터, 전기포트, 드립포트, 온도계, 저울, 그라인더

칼리타 웨이브 브루잉 마스터 레시피

원두양	분쇄도	푸어 총량	물 온도	추출비율
20g	8.5번	300g	92℃	1:12.5

차수별 레시피				
차수	뜸들이기	1차 추출	2차 추출	3차 추출
푸어양	30g+교반	100g	70g	50g+교반
시간	~30초	30~40초	1분~1분 10초	1분 30초 ~2분 10초
누적 물 양	30g	130g	200g	250g

*분쇄도는 디팅 804랩 기준으로 숫자가 작을수록 입자가 가늘다.
*모든 차수의 푸어는 이전 차수에 부은 물이 모두 빠진 직후에 이어간다.

칼리타 웨이브 필터는 → ① 종이필터를 린싱한 후 드리퍼 하단부까지 밀착시킨다.
특유의 향이 있으니 꼭
린싱을 하길 바란다. 원 ② 분쇄원두 20g을 필터에 담고 평탄화한다.
통형 드리퍼의 필터는
린싱하면 추출속도가 다 ③ 92℃의 물 30g을 10초 이내에 중심에서 바깥으로 원을 그리며 골고루 붓고,
소 빨라지는 경향이 있 30초간 뜸을 들인다.
으니 참고하자.
④ 30초에 1차 추출을 시작, 90g의 물을 40초까지 부어준 뒤 교반한다.

⑤ 1분이 되면 90g의 물을 붓고 교반한다.

⑥ 2분이 되면 90g의 물을 붓고 교반한다.

⑦ 물이 드리퍼를 완전히 투과했을 때 제거한다.

⑧ 맛을 보고 보완이 필요하다면 추출을 다시 디자인한다.

→ **추출 디자인 가이드는 64p 참고**

(TIP) 기준으로 잡은 추출시간과 맞지 않는다면 분쇄도를 조정한다.

추출시간	기준보다 짧다	기준 추출시간	기준보다 길다
진단	굵은 분쇄도	적정 분쇄도	가는 분쇄도
해결 방법	분쇄도 가늘게 조정		분쇄도 굵게 조정

브루잉 클래스

02 정드립에서의 핸들링 마스터하기

멜리타와 칼리타 101D는 핸들링의 영향을 많이 받는 드리퍼다. 변수를 똑같이 통제해도 물줄기의 컨트롤에 따라 편차가 큰 편이라 드립포트 핸들링의 숙련도가 요구된다. 필자가 다년간의 경험을 통해 터득한 올바른 드립포트 파지법과 물줄기 핸들링에 대해 설명하고자 한다.

자세

푸어오버 추출과 달리 정드립에서는 물줄기가 너무 과격하게 떨어지면 추출 결과물에 영향을 준다. 자칫 거친 텍스쳐가 만들어질 수 있기 때문에 물줄기가 부정적인 영향을 미치지 않도록 신경 써야 한다. 그러려면 손목이 아닌 몸 전체를 이용해 핸들링하는 것이 효과적이다. 드립포트를 편하게 잡되, 무게가 잘 느껴지도록 손가락 전체로 포트 손잡이 안쪽을 감싼다. 드립포트의 구조상 무게를 느끼며 기울기를 조절하는데, 무게가 잘 느껴지지 않으면 기울기 조절이 어렵기 때문이다. 물은 항상 포트 용량의 90%까지 채워 사용하는 것을 권장한다. 만약 포트가 너무 무겁다면 더 적은 용량의 제품을 사용하자.

오른손잡이라면 포트를 오른손으로 잡고 포트가 몸의 중앙에 오게 한

다. 양 팔꿈치는 몸에 붙이고 다리는 어깨 너비로 벌린 뒤 왼쪽 발을 오른 발보다 반 보 앞에 둔다. 몸을 15도가량 기울여 물줄기를 드리퍼의 중앙에 떨어뜨리고, 한 방향으로 원을 그린다. 이때 무게 중심을 한 발씩 이동시킨다. 마치 훌라후프를 하듯이 말이다. 물줄기 방향은 시계 방향이어도, 시계 반대 방향이어도 상관 없지만 같은 방향을 유지해야 함을 기억하자. 추출 도중에 방향을 바꾸면 물길이 꼬이거나 미분이 침전되어 추출속도가 느려질 수 있다.

속도

뜸들이기부터 1~4차 추출까지 진행하다 보면 핸들링 속도는 차수에 따라 달라진다. 그러나 한 차수 동안의 물 붓는 속도는 똑같아야 한다. 물줄기로 원을 한 바퀴 그리는 시간이 같아야 한다는 뜻이다. 차수별 핸들링 속도는 다음과 같이 정리해 보았다.

뜸들이기 전체적으로 빠르게 적신다.

1차 추출 가장 느린 속도로 원을 그린다. 추출 초반에 커피의 좋은 성분이 많아 최대한 많은 성분을 뽑아내기 위해서다.

2차 추출 1차 추출보다 30% 증가한 속도로 원을 그린다. 1차에서 충분한 추출이 이뤄져 2차에서는 뽑아낼 수 있는 좋은 성분의 양이 적기 때문이다. 1차보다 빠르게 물줄기를 돌려 드리퍼 내 수면을 높여주면 물의 무게가 증가하면서 추출속도가 빨라진다. 그 결과 물과 커피가 만나는 시간이 짧아져 불필요한 추출(과다추출)을 막아준다.

3차 추출 2차 추출보다 30% 증가한 속도로 물을 붓는다. 이유는 2차 추출과 동일하다.

4차 추출 3차 추출보다 30% 증가한 속도로 추출한다. 이때 너무 과격해지면 맛의 텍스처가 거칠어지므로 주의한다.

| 물줄기 | 차수별 물의 양은 결과에 많은 영향을 준다. 예를 들어 물의 양이 많아질수록 물의 무게로 인해 추출속도가 빨라진다. 따라서 유의미한 변형이 아니라면 매 차수 같은 양의 물을 붓는 것이 다른 변수 조절에 유리하다.

이때 유의해야 할 것은 물줄기의 굵기다. 물줄기의 굵기는 핸들링의 속도와 비례한다. 추출속도가 빨라지면 물줄기가 굵어져야 같은 양의 물을 부을 수 있다. 차수를 거듭할수록 물 붓는 속도가 빨라지므로 물줄기 굵기는 1차에 가장 얇고, 증가하는 속도에 맞춰 점차 굵어진다.

푸어 타이밍

2차 추출   1차에서 부은 물이 10% 정도 남았을 때
3차 추출   2차에서 부은 물이 40% 정도 남았을 때
4차 추출   3차에서 부은 물이 60% 정도 남았을 때

차수별 물 붓는 타이밍은 위와 같이 달라진다. 드리퍼에 차 있는 물의 높이를 점차 높여주기 위해서다. 커피의 좋은 맛은 대부분 초반에 많이 추출되기 때문에 물을 가늘게, 천천히 부어 1차 추출을 길게 가져가야 한다. 이후부터는 드리퍼 내 수면을 조금씩 높여 추출속도를 빠르게 한다.

추출량

총 추출량을 결정한 뒤 1차에서는 추출할 총량의 30%, 2차에는 총량의 50%, 3차는 총량의 70%, 4차는 총량의 100%까지 누적시킨다.

예시   총 추출량이 200㎖일 경우

1차 60㎖ - 2차 100㎖ - 3차 150㎖ - 4차 200㎖

(TIP)   저울을 사용한다면 ㎖를 g으로 적용한다.

칼리타 101D

와이엠커피프로젝트에서는 저울을 사용하지 않고 추출하는 방식을 고수한다. 그 이유는 수치에 연연하기보다 원두의 상태와 추출 양상에 집중하며, 상황에 따라 추출을 변형하는 것을 중요하게 생각하기 때문이다. 끊임없는 연습을 통해 차수별 물 양의 편차를 10g 내로 만든다면 충분히 실현 가능한 방법이다. 또한 그 자체로 추출변수가 되는 핸들링을 통해 더욱 섬세하게 추출할 수 있다.

이어서 설명할 칼리타 101D와 멜리타 1X1의 추출 레시피는 다년간 유지해온 '저울 없는 브루잉 *No Scale Brewing*'을 평균적으로 수치화한 것이다.

필수 도구

칼리타 101D 드리퍼, 눈금이 있는 서버, 종이필터, 전기포트, 드립포트, 온도계, 저울, 그라인더

칼리타 101D 브루잉 마스터 레시피

원두양	분쇄도	푸어 총량	물 온도	추출비율
23g	10번	270g	89℃	1:9

차수별 레시피					
차수	뜸들이기	1차 추출	2차 추출	3차 추출	4차 추출
푸어양	30g	70g	60g	60g	50g
시간	~40초	40초~1분(푸어) ~1분25초(추출)	1분 25초~40초(푸어)	1분 50초~2분(푸어) ~2분 10초(추출)	2분 10초~17초(푸어) ~서버 200㎖(마침)
누적 물 양	30g	100g	160g	220g	270g
서버 추출량	0㎖	60㎖	100㎖	150㎖	200㎖

*분쇄도는 디팅 804랩 기준으로 숫자가 작을수록 입자가 가늘다.

① 종이필터를 접어 드리퍼에 밀착시킨다.

② 분쇄원두 23g을 필터에 담고 평탄화한다.

③ 89℃의 물 30g을 중심에서 바깥으로 원을 4바퀴 그리며 얇고 빠르게 붓고, 40초간 뜸을 들인다.

④ 1차 추출을 시작, 70g의 물을 20초 동안 얇은 물줄기로 천천히 붓는다. 중심에서 바깥으로 향하는 원 4바퀴를 그린 뒤, 다시 중심으로 향하는 원 3바퀴를 그린다(1~4차 추출 모두 똑같이 적용).

⑤ 1차 푸어한 물이 90% 빠졌을 때(서버에 60㎖ / 1분 25초) 1차보다 조금 빠르고 굵은 물줄기로 2차 추출(60g)한다.(15초간)

⑥ 2차 푸어한 물이 60% 빠졌을 때(서버에 100㎖ / 1분 50초) 2차보다 빠르고 굵은 물줄기로 3차 추출(60g)한다.(10초간)

⑦ 3차 푸어한 물이 30% 빠졌을 때(서버에 150㎖ / 2분 10초) 3차보다 더 빠르고 굵은 물줄기로 4차 추출(50g)한다.(7초간)

⑧ 서버 기준 추출량이 200㎖(약 190g~200g)에 도달하면 드리퍼를 제거한다.

⑨ 맛을 보고 보완이 필요하다면 추출을 다시 디자인한다.

→ 추출 디자인 가이드는 64p 참고

(TIP) 정드립에서는 드리퍼 내 수위를 점점 높여준다. 그 이유는 유속의 특징에서 찾을 수 있다. 칼리타 101D와 멜리타 1×1과 같은 드리퍼는 유속이 상대적으로 매우 느려 추출 차수가 반복될수록 과다추출이 되기 쉽다. 따라서 시간의 흐름에 따라 드리퍼 내 수위를 높여 추출속도를 갈수록 빠르게 한다.

왜 유속이 빠른 하리오 V60보다 커피 비율이 높을까?

유속이 느려서 물과 접촉하는 시간이 길다면 더 적은 양의 커피로 추출해야 하리오 V60와 비슷한 농도의 결과물을 얻을 수 있다고 생각할 수 있다. 그러나 유속이 느리면 원두를 굵게 분쇄해야 과다추출을 방지할 수 있고, 원두 분쇄도가 굵어지면 농도가 연해지므로 커피 양을 늘려야 한다. 즉, 농도에 따른 원두 사용량은 추출속도보다 원두 분쇄도에 더 많은 영향을 받는다.

예시) 칼리타 101D와 하리오 V60의 비교

	원두 사용량(g)	추출속도(㎖/s)	원두 분쇄도 (디팅 804랩 기준)
칼리타 101D	20	약 1.5	8번
하리오 V60	16.5(▼17.5%)	약 2.6(▲73%)	6(▼25%)

예시로 정리한 표는 추출비율에 따른 추출변수 증감율의 비교다. 원두양이 17.5% 적은 상황에서 같은 농도의 커피를 추출하려면 추출속도는 73% 늘어야 하고 분쇄도는 25% 감소해야 한다. 감소폭이 비교적 작은데도 더 큰 영향을 미치는 것은 원두 분쇄도임을 알 수 있다. 즉, 추출 결과에 영향을 미치는 순서는 원두 사용량 > 원두 분쇄도 >> 추출시간(속도) 이다. 결론적으로 원두 사용량은 드리퍼의 종류보다 분쇄도에 따라 결정하는 것이 옳다.

멜리타 1×1

필수 도구

멜리타 1×1, 눈금이 있는 서버, 종이필터, 전기포트, 드립포트, 온도계, 저울, 그라인더

원두양	분쇄도	푸어 총량	물 온도	추출비율
20g	10번	260g	89℃	1:10

차수별 레시피					
차수	뜸들이기	1차 추출	2차 추출	3차 추출	4차 추출
푸어양	30g	60g	60g	60g	60g
시간	~30초	30~50초	1분 10초~25초	1분 40~50초	2분 10~15초
누적 물 양	30g	90g	150g	210g	270g
서버 추출량	0㎖	60㎖	100㎖	150㎖	200㎖

*분쇄도는 디팅 804랩 기준으로 숫자가 작을수록 입자가 가늘다.

멜리타 1X1 같은 다각형 드리퍼는 종이필터를 린싱하면 원통형 드리퍼(ex. 하리오 V60, 칼리타 웨이브)와 달리 추출속도가 느려진다. 추출속도를 늦추고 싶을 때 린싱을 해도 되지만, 필자는 속도를 핸들링으로 조절하기에 필터를 따로 린싱하지 않는다. 칼리타 101D와 멜리타 1X1 필터는 린싱을 하지 않아도 추출 결과에 큰 영향을 줄 정도의 향이 남지 않는다.

① 종이필터를 접어 드리퍼에 밀착시킨다.

② 분쇄원두 20g을 필터에 담고 평탄화한다.

③ 89℃의 물 30g을 중심에서 바깥으로 원을 4바퀴 그리며 붓고, 30초간 뜸을 들인다.

④ 얇은 물줄기로 천천히 1차 추출(60g)을 한다. 중심에서 바깥으로 향하는 원을 4바퀴 그린 뒤, 다시 중심으로 향하는 원 3바퀴를 그린다(1~4차 추출 모두 똑같이 적용).

⑤ 1차 푸어한 물이 90% 빠지면(서버에 60㎖ / 1분 10초) 1차보다 조금 빠르고 굵은 물줄기로 2차 추출(60g)한다.

⑥ 2차 푸어한 물이 60% 빠지면(서버에 100㎖ / 1분 40초) 2차보다 빠르고 굵은 물줄기로 3차 추출(60g)한다.

⑦ 3차 푸어한 물이 30% 빠지면(서버에 150㎖ / 2분) 3차보다 더 빠르고 굵은 물줄기로 4차 추출(50g)한다.

⑧ 서버 기준 추출량이 200㎖(약190g)에 도달하면 드리퍼를 제거한다.

⑨ (맛을 보고 보완이 필요하다면 추출을 다시 디자인한다.

→ 추출 디자인 가이드는 64p 참고

> **TIP** 기준으로 잡은 추출 시간과 맞지 않는다면 분쇄도를 조정한다.

추출 시간	기준보다 짧다	기준 추출시간	기준보다 길다
진단	굵은 분쇄도	적정 분쇄도	가는 분쇄도
해결 방법	분쇄도 가늘게 조정		분쇄도 굵게 조정

CHAPTER 9

아이스 커피 브루잉

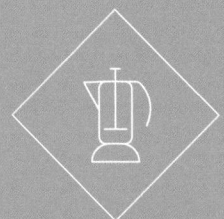

우리나라 사람들은 계절을 막론하고 아이스 커피를 즐긴다. 한여름은 기본, 찬바람이 부는 겨울에도 아이스 커피를 마시는 이들을 심심찮게 찾아볼 수 있다. 이토록 많이 소비되는 아이스 브루잉 커피를 추출하는 방법 또한 침지식과 투과식으로 분류해 알아본다.

01 침지식 아이스 브루잉
① 미스터클레버
② 프렌치프레스

02 투과식 아이스 브루잉
① 하리오 V60
② 칼리타 웨이브
③ 칼리타 101D
④ 멜리타 1×1

아이스 커피를 추출하는 방법은 다양하다. 서버에 얼음을 담고 즉각적인 다일루션dilution(희석)을 계산해 추출하거나 뜨거운 커피와 같은 방법으로 추출한 뒤 얼음물로 중탕해 온도를 낮출 수도 있다. 이 밖에도 아이스 커피를 즐기는 방법은 여러 가지가 있다.

이 책에서는 얼음을 가득 담은 서버에 커피를 바로 추출하는 방식을 다룬다. 필자가 이 방식을 선택한 이유는 첫째, 뜨겁게 추출한 커피를 완전히 식힌 뒤 얼음잔에 따르기 때문에 커피의 농도를 오래 유지할 수 있다. 둘째, 추출 능률 때문이다. 얼음 없이 뜨겁게 추출한 뒤 차갑게 중탕하거나 다른 도구를 이용하면 추출 뒤 더 오랜 시간이 소요되어 능률이 떨어진다. 셋째, 적절한 다일루션을 거치면 커피의 향이 더 잘 느껴

진다. 반면 이 같은 방법은 얼음이 많이 필요하고, 다일루션을 감안해 농도를 맞추려면 커피가 진해야 해서 원두를 더 많이 사용해야 한다는 단점이 있다.

아이스 커피 추출은 투과식보다 침지식이 수월하다. 아이스 커피 추출에는 분쇄도 조절이 중요한데 이는 추출시간과 연관이 깊다. 침지식 기구는 분쇄도와 상관 없이 추출시간을 자유롭게 정할 수 있어 농도를 맞추는 데 유리하다. 농도가 연하다면 침지 시간을 늘리면 되므로 간단하게 해결할 수 있다. 반면 투과식에서는 얇은 분쇄도로 물과 커피가 만나는 표면적을 증가시키고, 물의 투과 속도를 늦춘다.

01 침지식 아이스 브루잉

미스터클레버

필수 도구
미스터클레버, 종이필터, 티스푼, 전기포트, 전자저울, 계량스푼

선택적 도구
그라인더, 온도계

클레버 아이스 브루잉 레시피

원두양	분쇄도	푸어 총량	물 온도	추출비율
20g	8번	160g	96℃	1:8

*분쇄도는 디팅 804랩 기준으로 숫자가 작을수록 입자가 가늘다.

추출 방법

① 종이필터를 접어 드리퍼에 넣고 분쇄원두 20g을 필터에 담는다.

② 96℃의 물 160g으로 원을 그리며 커피 전체를 적신다. 물 붓는 시간은 10초 이내로 한다.

③ 커피와 물이 잘 섞이도록 왼쪽 2번, 오른쪽 2번씩 번갈아가며 티스푼으로 총 10회 교반한다.

→ 교반 횟수는 자유롭게 결정한다. 다만 젓는 횟수와 시간은 동일해야 한다.

④ 서버에 각얼음 7개(150g)를 담는다.

⑤ 4분 30초가 되면 서버 위에 드리퍼를 올려 추출을 시작한다.

⑥ 원을 5바퀴 그리며 교반하고 물이 완전히 빠지면 커피를 얼음잔에 담는다.

⑦ 맛을 보고 보완이 필요하다면 추출을 다시 디자인한다.

→ **추출 디자인 가이드는 64p 참고**

(TIP) 추출 재연성을 높이려면 교반의 횟수와 강도, 시간 등 모든 행위를 똑같이 한다.

브루잉 클래스

프렌치프레스

필수 도구
프렌치프레스, 전기포트, 티스푼, 계량스푼

선택적 도구
그라인더, 저울, 온도계

브루잉 비율

원두양	분쇄도	푸어 총량	물 온도	추출비율
16.5g	8번	165g	96℃	1:10

*분쇄도는 디팅 804랩 기준으로 숫자가 작을수록 입자가 가늘다.

추출 방법

① 프렌치프레스에 분쇄원두 16.5g을 담는다.

② 96℃의 물 165g을 붓고 타이머를 4분으로 맞춘다.

③ 4분이 되면 수면의 거품과 커피파우더를 스푼으로 살며시 떠내어 버린다.

④ 뚜껑을 덮고 프레스를 끝까지 눌러 추출한다.

⑤ 커피를 얼음이 가득 든 컵에 따른다.

⑥ 맛을 보고 보완이 필요하다면 추출을 다시 디자인한다.

→ 추출 디자인 가이드는 64p 참고

떫고 마른 향을 최대한 → 제거하기 위한 과정으로, 30초 이내에 마치도록 한다. (③)

TIP 프렌치프레스는 1차 쿨다운 Cool Down 없이 따뜻하게 추출한 뒤 바로 얼음잔에 담아야 한다. 따라서 잔에 미리 얼음을 가득 채워놔야 한다. 얼음 양이 적을수록 더 빨리 녹아 커피의 농도가 연해진다.

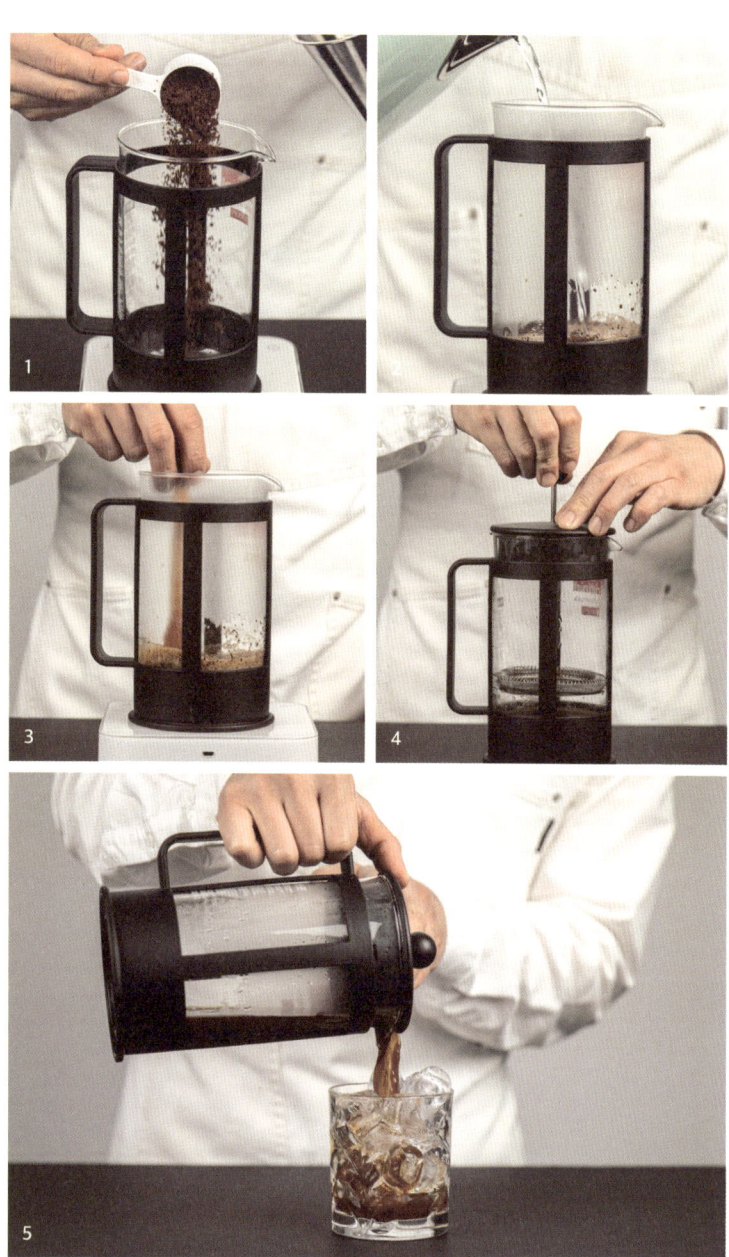

브루잉 클래스

02 투과식 아이스 브루잉

하리오 V60

필수 도구

하리오 V60-01, 눈금이 있는 서버, 종이필터, 드립포트, 온도계, 저울, 그라인더

하리오 아이스 브루잉 레시피

원두양	분쇄도	푸어 총량	물 온도	추출비율
20g	6.5번	200g	92℃	1:10

차수별 레시피			
차수	뜸들이기	1차 추출	2차 추출
푸어양	30g+교반	90g	80g+교반 5회
시간	30초	30초~1분 20초	1분 20초~1분 30초(푸어)~2분(끝까지 추출)
누적 물 양	30g	120g	200g

*분쇄도는 디팅 804랩 기준으로 숫자가 작을수록 입자가 가늘다.

추출 방법

① 종이필터를 접어 드리퍼에 넣고 린싱한다.

② 분쇄원두 20g을 필터에 담는다.

③ 서버에 각얼음 7개(약150g)를 담고 드리퍼를 올린다.

④ 92℃의 물 30g을 부어준 뒤 충분히 교반 후 30초까지 뜸을 들인다.

⑤ 드리퍼 중심에서 바깥으로 원을 그리며 90g의 물을 부어 1차 추출한다.

⑥ 1분 20초에 드리퍼 물이 모두 빠지면 80g의 물을 부어 2차 추출하고 5회 교반한다.

⑦ 추출이 모두 끝나면 드리퍼를 제거하고 얼음잔에 커피를 따른다.

⑧ 맛을 보고 보완이 필요하다면 추출을 다시 디자인한다.

→ 추출 디자인 가이드는 64p 참고

칼리타 웨이브

필수 도구

칼리타 웨이브, 눈금이 있는 서버, 종이필터, 드립포트, 온도계, 저울, 그라인더

웨이브 아이스 브루잉 레시피

원두양	분쇄도	푸어 총량	물 온도	추출비율
25g	8번	200g	92℃	1:8

차수별 레시피			
차수	뜸들이기	1차 추출	2차 추출	3차 추출
푸어양	40g+교반	60g+교반	50g+교반	50g+교반
시간	10초 이내	30초~50초(푸어) ~1분 20초(추출)	1분 20초~1분 40초(푸어) ~2분 10초(추출)	2분 10초~2분 30초(푸어) ~3분(끝까지 추출)
누적 물 양	40g	100g	150g	200g

*분쇄도는 디팅 804랩 기준으로 숫자가 작을수록 입자가 가늘다.

추출 방법

① 종이필터를 접어 드리퍼에 넣고 린싱한다.

② 분쇄원두 25g을 필터에 담는다.

③ 서버에 각얼음 7개(약150g)를 담고 드리퍼를 올린다.

④ 92℃의 물 40g을 부어준 뒤 교반하고 30초간 뜸을 들인다.

⑤ 30초에 중심에서 바깥으로 원을 그리며 60g의 물을 붓고 교반한다.

⑥ 1분 20초에 드리퍼의 물이 모두 빠지면 50g의 물을 붓고 교반한다.

⑦ 2분 10초에 드리퍼의 물이 모두 빠지면 50g의 물을 붓고 교반한다.

⑧ 3분이 되어 추출이 끝나면 드리퍼를 제거하고 얼음 잔에 커피를 따른다.

⑨ 맛을 보고 보완이 필요하다면 추출을 다시 디자인한다.

→ 추출 디자인 가이드는 64p 참고

커피를 진하게 내리는 방법?

우리는 진한 커피를 내리기 위해 추출비율을 조절하곤 한다. 하지만 원두양이 충분한 상태에서 비율을 높이면 과소추출되어 애프터테이스트^{after taste}가 짧아진다. 결국 원두를 많이 사용했음에도 불구하고 연한 커피라고 느낄 수 있다.

칼리타 101D

필수 도구

칼리타 101D, 눈금이 있는 서버, 종이필터, 전기포트, 드립포트, 온도계, 저울, 그라인더

> **TIP** 투과식 아이스 브루잉에서 그라인더는 필수 도구다. 커피 분쇄 후 시간이 지나도 추출시간이 영향을 받지 않는 침지식과 달리, 투과식 추출에서 분쇄한지 오래된 원두를 사용하면 가스의 저항을 받지 않아 추출속도가 더 빠르다. 아이스 커피는 특히 따뜻한 커피보다 농도가 진해야 하기 때문에 그라인더를 갖추는 게 좋다.

칼리타 아이스 브루잉 레시피

원두양	분쇄도	푸어 총량	물 온도	추출비율
28g	8번	240g	90℃	1:8.5

차수별 레시피				
차수	뜸들이기	1차 추출	2차 추출	3차 추출
푸어양	30g	70g	70g	70g
시간	~40초	40초~1분(푸어) ~1분 30초(추출)	1분 30초~1분45초(푸어) ~1분 50초(추출)	1분 50초~2분 15초(푸어) ~서버 300㎖
누적 물양	30g	100g	170g	240g

*분쇄도는 디팅 804랩 기준으로 숫자가 작을수록 입자가 가늘다.

추출 방법

① 분쇄원두 28g을 필터에 담는다.

② 서버에 각얼음 7개(약 150g)를 담고 드리퍼를 올린다.

③ 90℃의 물 30g을 부어준 뒤 40초간 뜸을 들인다.

④ 드리퍼 중심에서 바깥으로 향하는 원을 7바퀴 그리며 70g의 물을 부어 1차 추출한다.

⑤ 1분 30초에 드리퍼의 물이 90% 이상 빠지면 70g의 물을 부어 2차 추출한다.

⑥ 1분 50초에 드리퍼의 물이 70% 이상 빠지면 70g의 물을 부어 3차 추출한다.

⑦ 2분 15초, 서버 기준 추출량이 300㎖에 도달하면 드리퍼를 제거하고 얼음이 든 잔에 커피를 따른다.

⑧ 맛을 보고 보완이 필요하다면 추출을 다시 디자인한다.

→ **추출 디자인 가이드는 64p 참고**

멜리타 1×1

필수 도구

멜리타 1×1, 눈금이 있는 서버, 종이필터, 드립포트, 온도계, 저울, 그라인더

멜리타 아이스 브루잉 레시피

원두양	분쇄도	푸어 총량	물 온도	추출비율
24g	8번	240g	90℃	1:10

차수별 레시피				
차수	뜸들이기	1차 추출	2차 추출	3차 추출
푸어양	30g	70g	70g	70g
시간	30초	30초~55초(푸어) ~1분25초(추출)	1분 25초~1분45초(푸어) ~1분 50초(추출)	1분 50초~2분 10초(푸어) ~서버 300㎖
누적 물 양	30g	100g	170g	240g

*분쇄도는 디팅 804랩 기준으로 숫자가 작을수록 입자가 가늘다.

추출 방법

① 분쇄원두 24g을 필터에 담는다.

② 서버에 각얼음 7개(약 150g)를 담고 드리퍼를 올린다.

③ 90℃의 물 30g을 부어준 뒤 30초간 뜸을 들인다.

④ 드리퍼 중심에서 바깥으로 향하는 원을 7바퀴 그리며 70g의 물을 부어 1차 추출한다.

⑤ 1분 25초에 드리퍼의 물이 90% 이상 빠지면 70g의 물을 부어 2차 추출한다.

⑥ 1분 50초에 70g의 물을 부어 3차 추출한다.

⑦ 서버 기준 추출량이 300㎖에 도달하면 드리퍼를 제거한다.

⑧ 얼음이 든 잔에 커피를 따른다.

⑨ 맛을 보고 보완이 필요하다면 추출을 다시 디자인한다.

→ 추출 디자인 가이드는 64p 참고

지금까지 따뜻한 브루잉부터 아이스 브루잉까지 전반적인 내용을 다루었다. 커피를 추출하는 데 있어 정답은 없다. 하지만 나만의 분명한 추출기준이 있다는 것은 든든한 선생님을 둔 것이나 다름없다. 브루잉에서 절대적으로 집중해야 할 것은 추출 레시피가 아니다. 원리를 알고 명확한 기준의 센서리를 바탕으로 추출을 설계하고, 이 과정을 반복하며 의도한 추출을 할 수 있어야 한다. 덧붙이자면 필자가 저울을 사용하지 않고 커피를 내리는 이유는 '추출과 센서리에 대한 긴장의 끈을 놓지 않기 위해서'다. 오차범위를 최소화하기 위해 끊임없이 연습하고 맛을 보며, 반복적인 피드백을 부여해 만들어진 감각에 의존해야 한다. 이러한 책을 집필하면서 정량·정측하지 않는 나 자신이 아이러니한 느낌이 들기도 했지만, 그동안 해왔던 레시피를 수차례 정량화하면서 다시 한번 느낀 점은 '연습만이 살길'이라는 것이다. 여러분도 스스로를 끊임없이 갈고 닦는 일의 즐거움을 만끽하길 바란다.

EPILOGUE

글을 마치며

내가 커피를 처음 시작한 건 '나만의 공간을 가지고 싶어서'였다. 그 공간에서 내가 좋아하는 것을 사랑하는 사람들과 함께 누리고 싶었다. 그럴 수 있다면 평생 무엇이든 할 수 있을 것만 같았고, 많은 사람이 그렇듯 막연히 커피를 떠올렸다. 곧장 아르바이트 자리를 찾아 홍대에 있는 칼디커피에서 일을 시작했고, 얼마 지나지 않아서 커피의 매력에 푹 빠지게 되었다. 칼디커피의 공장에서 로스팅을 하던 어느날, 대표님이 갑자기 이런 말을 했다. "커피 뭐하러 하냐, 전공 살려서 학교 선생이나 해라. 어렵고 돈도 안돼." 당시 27살이었던 나를 진심으로 걱정하던 표정과 말투가 지금도 또렷하게 기억난다. 하지만 나의 답변은 "너무 쉬우면 오래 못할 것 같아요. 어려워서 재밌잖아요! 많이 벌지 못해도 괜찮아요"였다. 지금도 그 마음에는 변함이 없으며, 언제나 같은 마음이고자 노력한다.

커피란 참 어렵다. 알다가도 모르겠고 어느 정도 자신감이 붙을 때면 자만하지 못하게끔 새로운 고난이 찾아오기도 한다. 커피의 매력에 푹 빠져 살게 된 지 벌써 9년이란 시간이 지났지만 나는 커피와 여전히 줄다리기 중이다.

지금껏 커피를 해오면서 맛있는 커피를 '쉽고 빠르게' 완성해 본 기억은 극히 드물다. 완성도 있는 추출을 할 수 있으려면 여러 시행착오를 통해 축적한 본인만의 데이터가 필요하다. 그 말은 즉, 커피에 많은 시간을 투자하고 연습해야 한다는 의미다. 지속적인 훈련을 하다보면 관능평가에 대한 감각이 생기고, 추출 디자인이 굉장히 쉬워질 것이라고 단언한다. 물론 초반에는 변수에 대한 두려움과 불안감이 있을 것이다. 하지만 변수는 말 그대로 변수일 뿐. 조금씩 요소를 바꿔가며 추출에 적용하다 보면 결국 내가 추구하는 맛의 방향을 찾게 될 것이다. 자신만의 추출변수 실험을 통해 추출 디자인에 자신감을 갖게 되길 바란다.

어떤 일을 하든 기본기는 가장 중요한 초석이다. 누구나 다 아는 내용, 너무 쉬운 내용이라고 해서 이를 간과한다면 기본 이상의 것을 해낼 수 없을 것이다. 때문에 이 책이 어렵게 느껴진다면 기본을 다지기 위해 더 노력해야 할 것이고, 다 아는 내용이라면 잊지 않고 실전에 적용하기 위해 애써야 할 것이다.

커피를 추출하는 데에는 고려해야 할 사항이 너무나도 많다. 이 책을 읽은 독자들에게 마지막으로 조언하자면 원두의 상태나 특징에 크게 휘둘리지 않는 기준레시피 혹은 추출방법을 정립하길 바란다. 브루잉을 할 때마다 그에 맞춰 추출하고, 뚜렷한 기준을 바탕으로 관능평가를 실시한 뒤, 피드백을 통해 올바른 추출을 만들어갈 것을 권한다. 맛의 정점에 대한 자신만의 기준을 찾으려면 수많은 커피를 맛보고, 기억하고, 또 본인의 커피를 맛본 사람들과 소통해야 할 것이다.

나는 여러분이 바리스타로서, 커피 애호가로서 커피를 진정으로 즐기길 바란다. 다르게 말하면 바리스타는 커피에 질리지 않기 위해 부단히 노력해야 한다. 나의 경우 조바심을 내지 않으려고 했다. 남들보다 잘하고 싶고, 다른 사람에게 잘하는 모습을 보이고 싶은 욕구는 최대한 줄이려 했다. 그 대신 내가 어떤 스타일의 커피를 좋아하고 재밌어 하는지 고민했다. '보통의 사람은 천재를 이기지 못하고, 천재는 즐기는 사람을 이기지 못한다'라는 말을 나는 믿는다.

책을 쓰면서는 '스스로에게 정직한 브루잉을 하고 있는가' 자문하게 되었다. 한 줄 한 줄 글을 써 내려 가면서 '맞아, 이렇게 디테일을 생각했었지'라며 지난날을 돌아보기도 했다. 이 책을 통해 전달하고자 하는 것은 절대적인 지식이 아니다. 나만의 스타일을 지닌 커피를 만들기 위해 필자가 어떤 노력을 어떻게 시작했고, 어떤 방식으로 접근했는지를 공유하고 싶었다. 덧붙이고 싶은 말은 자신이 내린 커피가 흡족하다면 그것으로 충분하다는 것이다. 과정 때문이든, 맛 때문이든 내가 만족한다면 맛있는 커피는 이미 완성된 셈이다. 그러니 스스로에게 정직한 추출을 하길 바란다.

종종 '어떤 커피를 좋아하냐'는 질문을 받는다. 단연코 브루잉 커피다. 처음 핸드드립의 매력에 빠졌을 땐 쉬는 날에도 하루 종일 커피를 내리곤 했다. 지금도 물론 마찬가지지만 어떻게 하면 브루잉을 잘 할 수 있을지 수없이 고민하고 시도해보았다. 커피를 많이 마시면 심장이 뛰고 목이 붓는다는 사실도 그때 알았다.

어떤 커피를 해야 하나 고민에 빠진 적도 있었다. 이때 기획했던 게 프롤로그에서 소개했던 유럽에서의 커피 프로젝트였다. 그 무엇보다 값진 경험이었던 이 프로젝트는 나의 커피 길라잡이가 되어주었다. 런던에서 유학 생활을 하면서 프로젝트의 시작에 큰 도움을 주었던, 지금은 로스터로 합류한 박제춘에게 감사의 마음을 전한다. 프로젝트를 마친 뒤 작은 공방을 오픈하기까지 많은 고민을 함께 해준 정성진, 임형균, 안기복, 손영진에게도 깊은 감사를 전한다.

2015년 오픈했던 작은 공방은 오로지 브루잉만 하는 매장으로 자리 잡았고, 이후 7년이란 시간이 지났다. 그 기간 동안 늘 나만의 스타일을 고수하려 노력했다. 그리고 브루잉 책을 집필할 기회가 찾아왔다.

소중한 기회를 준 출판사 아이비라인에 감사함을 전한다. 브루잉은 참으로 오랜 시간 해온 일이지만 이를 글로써 정리하는 것 역시 쉽지 않았다. 글을 쓰고 정리하는 데 조력해준 이주원, 애정을 가지고 책의 구성을 도와준 정용준에게도 감사하다. 또한 긴 글을 읽으며 자문해준 김인수를 비롯한 **YM COFFEE PROJECT** 팀원들과 이 책을 읽어준 독자에게도 고마움을 전하고 싶다. 혹여 책을 읽고 궁금한 부분이 있거나 함께 하고 싶은 프로젝트가 있다면 언제든 **YM COFFEE PROJECT**의 문을 두드려주길 바란다.

마지막으로 커피를 시작할 때부터 이 책이 나올 때까지 최고의 지원을 아끼지 않았던, 함께 고생해 준 가족들에게 이 책을 바친다.

이제 드디어 이 책을 맺어본다.

2021. 12. 08

의 브루잉 매장인

에서

조용민